Luciana Maria Caetano (org.)

TEMAS ATUAIS PARA A FORMAÇÃO DE PROFESSORES

**Contribuições
da pesquisa piagetiana**

Betânia Alves Veiga Dell'Agli
Rosely Palermo Brenelli
Elizabete Villibor Flory
Ana Flavia Alonço Castanho
Camila Tarif Ferreira Folquitto
Camilla Mazetto

Prefácio de Maria Thereza Costa Coelho de Souza

Dados Internacionais de Catalogação na Publicação (CIP)
(Câmara Brasileira do Livro, SP, Brasil)

Temas atuais para a formação de professores : contribuições da pesquisa piagetiana /
Luciana Maria Caetano, (org.). São Paulo : Paulinas, 2010. – (Coleção
docentes em formação)

Vários autores
ISBN 978-85-356-2686-5

1. Piaget, Jean, 1896-1980   2. Prática de ensino   3. Professores - Formação
profissional - Brasil   I. Caetano, Luciana Maria. II. Série.

10-07526   CDD-370.71

Índices para catálogo sistemático:

1. Docentes : Formação profissional : Educação   370.71
2. Professores : Formação profissional : Educação   370.71

1ª edição – 2010
1ª reimpressão – 2011

DIREÇÃO-GERAL: *Flávia Reginatto*
EDITORA RESPONSÁVEL: *Andréia Schweitzer*
COPIDESQUE: *Huendel Viana*
COORDENAÇÃO DE REVISÃO: *Marina Mendonça*
REVISÃO: *Simone Rezende e Ana Cecilia Mari*
DIREÇÃO DE ARTE: *Irma Cipriani*
ASSISTENTE DE ARTE: *Sandra Braga*
GERENTE DE PRODUÇÃO: *Felício Calegaro Neto*
DIAGRAMAÇÃO: *Manuel Rebelato Miramontes*

Nenhuma parte desta obra poderá ser reproduzida ou transmitida
por qualquer forma e/ou quaisquer meios (eletrônico ou mecânico,
incluindo fotocópia e gravação) ou arquivada em qualquer sistema ou
banco de dados sem permissão escrita da Editora. Direitos reservados.

Paulinas

Rua Dona Inácia Uchoa, 62
04110-020 – São Paulo – SP (Brasil)
Tel.: (11) 2125-3500
http://www.paulinas.org.br – editora@paulinas.com.br
Telemarketing e SAC: 0800-7010081
© Pia Sociedade Filhas de São Paulo – São Paulo, 2010

Afirmar o direito da pessoa humana à educação
é pois assumir uma responsabilidade muito mais pesada
que a de assegurar a cada um a possibilidade da leitura,
da escrita e do cálculo; significa, a rigor,
garantir para toda a criança o pleno desenvolvimento
de suas funções mentais e a aquisição de conhecimentos,
bem como dos valores morais que correspondem ao exercício
dessas funções, até a vida social atual.

Jean Piaget

Prefácio

*Maria Thereza Costa Coelho de Souza**

É com enorme satisfação que escrevo este prefácio para o livro *Temas atuais para a formação de professores: contribuições da pesquisa piagetiana*, organizado por Luciana Maria Caetano. A obra reúne seis trabalhos, cinco deles orientados por mim no Programa de Pós-Graduação em Psicologia Escolar e do Desenvolvimento, do Instituto de Psicologia da USP, e um por mim avaliado na qualidade de membro da banca examinadora da tese de doutorado. Assim, considero-me próxima o suficiente para dizer, sem nenhum exagero, que todos os trabalhos revelam o exercício reflexivo absolutamente necessário e desejável no *fazer pesquisa* e na construção de conhecimento científico, em suas dimensões teóricas e empíricas. Ao prazer da orientação e do exame acadêmico se soma agora a alegria de vê-los, juntos, numa mesma obra, cuja leitura é um convite ao estudo sério e consistente. Isso porque os capítulos apresentam temáticas inovadoras, contemporâneas e pertinentes para a formação de professores: a educação moral e suas relações com a família; as dimensões afetivas

---

* Professora Associada do Departamento de Psicologia da Aprendizagem, do Desenvolvimento e da Personalidade, do Instituto de Psicologia da USP. Ministra disciplinas sobre Psicologia do Desenvolvimento para cursos de graduação e de pós-graduação em Psicologia e áreas de saúde. Pesquisa as relações entre afetividade e inteligência no desenvolvimento psicológico, tema de suas publicações sob a forma de artigos e capítulos de livros.

e cognitivas das dificuldades de aprendizagem; a complexidade da aquisição bilíngue; os elementos envolvidos na formação de novos leitores; o Transtorno de Déficit de Atenção e Hiperatividade (TDAH) sob a ótica do desenvolvimento e o autismo infantil na interface entre a clínica e a escola.

A apresentação de Luciana Caetano já indica o princípio comum subjacente aos textos aqui reunidos: formular, a partir da epistemologia genética de Jean Piaget, novas perguntas sobre os diferentes temas, discutindo-os num espectro mais amplo (no diálogo com outras perspectivas teóricas e em diferentes contextos) e, ao mesmo tempo, mais específico (focalizando e aprofundando elementos precisos da teoria piagetiana).

Todos os textos tratam de pesquisas que buscaram construir indicadores empíricos e objetivos sobre os temas e articulá-los com hipóteses e conceitos teóricos. As relações estabelecidas em cada trabalho muito beneficiarão professores e profissionais interessados no desenvolvimento psicológico de seus alunos ou clientes, pois propiciam a aprendizagem da teoria de Piaget, assim como o conhecimento de novas visões sobre os assuntos, apoiadas em dados científicos. Boa leitura!

Apresentação

Este livro tem o objetivo principal de dividir com o leitor a perplexidade que moveu as autoras a investigarem os seus referidos temas. Pensar sobre o desenvolvimento psicológico humano é uma tarefa árdua e desafiadora que requer um olhar investigativo e pronto a levantar questões. Para isso a teoria psicogenética piagetiana oferece perfeita fundamentação, pois a pergunta que moveu Piaget desde cedo a refletir sobre o desenvolvimento humano diz respeito exatamente a como o ser humano passa de um nível de conhecimento inferior para outro superior. Portanto, o próprio Piaget aplicou toda a sua vida no estudo do potencial evolutivo do ser humano, absolutamente envolvido com a investigação desse percurso complexo e intrigante do desenvolvimento psicológico.

Jean Piaget (1896-1980) é conhecido pela maioria dos educadores como um pesquisador em epistemologia, autor da teoria dos estágios do desenvolvimento da inteligência, acusado por não considerar a influência da cultura e da afetividade no desenvolvimento humano – extremamente "mal" utilizado pela pedagogia, sobretudo no Brasil, onde escolas públicas e particulares, salvo raríssimas exceções, sucatearam a ideia do construtivismo, como ficou conhecida a sua teoria, transformando-a em qualquer coisa que não se parecesse com o ensino tradicional.

O Piaget que fundamenta as pesquisas apresentadas neste livro, definitivamente, não é o mesmo descrito no parágrafo anterior. A teoria da epistemologia genética é utilizada aqui para tratar de educação moral, dificuldades de aprendizagem, bilinguismo, formação de leitores, Transtorno de Déficit de Atenção e Hiperatividade (TDAH) e autismo infantil. E esta é uma oportunidade ímpar que a teoria piagetiana oferece para que se possa eleger perguntas e realizar investigações das mais variadas áreas, ainda mais se levarmos em conta os temas escolhidos: alguns dos mais atuais que permeiam o processo educativo, revelando a complexidade, a imprevisibilidade e o desafio do ato de educar.

O Piaget desconhecido pela maioria das pessoas é um homem que se interessou pela educação a partir de sua preocupação com os valores éticos, com a educação da pessoa na sua totalidade, considerando a educação da inteligência e da moral como objetivos indissolúveis, tendo por função a formação para a autonomia e para a cidadania. Piaget pensava que através das relações de cooperação, seria possível educar os povos para viverem em harmonia, compreendendo-se mutuamente e resolvendo seus conflitos através da negação do absolutismo. Em suas palavras:

> A ideia que defendemos é bem mais concreta: trata-se apenas de criar em cada pessoa um método de compreensão e de reciprocidade. Que cada um, sem abandonar seu ponto de vista, e sem procurar suprimir suas crenças e seus sentimentos, que fazem dele um homem de carne e osso, vinculado a uma porção bem delimitada e bem viva do universo, aprenda a se situar no conjunto dos outros homens (Piaget, "É possível uma educação para a paz?", 1934).[1]

---

[1] PARRAT-DAYAN, Silvia; TRYPHON, Anastasia (orgs.). *Piaget sobre a pedagogia*. Tradução: Cláudia Berliner. São Paulo: Casa do Psicólogo, 1998.

Portanto, a preocupação de Piaget com a educação diz respeito ao direito que as crianças têm de encontrar nas escolas oportunidades concretas para que possam se desenvolver plenamente.

Inspiradas nessa premissa de Piaget, as autoras deste livro apresentam ao leitor parte das descobertas que fizeram sobre os temas que as mantiveram perplexas, sobre os temas que suscitaram o seu olhar investigativo, à luz dessa teoria que propõe a quebra dos absolutismos e o trabalho cooperativo como relação por excelência adequada ao processo educativo.

Coerentes com essa escolha diante da educação, as autoras oferecem ao leitor as suas pesquisas na área de psicologia escolar e do desenvolvimento humano, não como a última palavra a respeito do tema, mas como a partilha de seus conhecimentos sobre a construção do desenvolvimento infantil, buscando cooperar com a formação docente, apresentando dados empíricos e teóricos que podem auxiliar o educador a também vivenciar a perplexidade do fazer boas perguntas diante das realidades da escola.

O convite começa com a apresentação de um dos temas investigados por Jean Piaget, bem pouco conhecido pela maioria dos professores: a educação moral. Piaget, em seu livro *O juízo moral da criança* (1932), revela aos seus leitores a existência de duas morais: a heteronomia e a autonomia.

Na pesquisa de nossa autoria, sobre moral e a relação entre pais e filhos, apresentada no primeiro capítulo, procuramos apontar as representações dos pais sobre a educação dos seus filhos e a partir delas dialogar com a teoria da psicologia moral de Jean Piaget, oferecendo ao professor bons caminhos para enfrentar os problemas da indisciplina e da relação escola/família.

As ideias de Jean Piaget a respeito da influência da afetividade no desenvolvimento infantil podem ser conferidas no segundo capítulo, apresentado por Betânia Alves Veiga

Dell'Agli e Rosely Palermo Brenelli. As autoras apresentam os resultados da sua pesquisa sobre crianças com dificuldades de aprendizagem, demonstrando as relações entre o desenvolvimento cognitivo e afetivo, e oferecendo ao leitor dados de sua pesquisa que revelam caminhos concretos para que o professor possa de fato refletir sobre as questões que envolvem a situação da criança que não aprende.

Elizabete Villibor Flory, no terceiro capítulo, apresenta as suas reflexões a respeito da aquisição bilíngue. O bilinguismo é cada vez mais oferecido por algumas instituições particulares em resposta a uma exigência decorrente da globalização e do encontro entre culturas. Tais escolas estão mesmo oferecendo vantagens ao desenvolvimento psicológico dos seus alunos? Para responder a essa questão a autora define conceitos sobre o bilinguismo, e entre outros aspectos discute se a aquisição da linguagem e a aquisição de conceitos lógicos são ou não prejudicados pelo bilinguismo infantil.

O tema da formação do leitor é tratado por Ana Flavia Alonço Castanho no capítulo seguinte. A autora apresenta os elementos teóricos que influenciam na formação do leitor, como a concepção de leitura, os processos de leitura, a construção do conhecimento, a afetividade e especialmente as representações de si e a identidade. Nos dados de pesquisa que apresenta, testa a seguinte hipótese: o aluno que possui a leitura como um dos aspectos positivos das suas representações de si é melhor leitor? A partir daí oferece ao professor preciosas implicações pedagógicas.

O polêmico tema do TDAH é abordado no quinto capítulo por Camila Tarif Ferreira Folquitto. A autora apresenta vasta e atual revisão teórica sobre o tema e a partir dos dados da sua pesquisa discute as relações entre o TDAH, as fases e construções do desenvolvimento infantil, a utilização de medicamentos e as implicações pedagógicas. Todos esses aspectos auxiliarão o leitor a pensar sobre os problemas de um diagnóstico equivocado e as possibilidades concretas de um bom trabalho de intervenção do professor.

O último capítulo, de autoria de Camilla Mazetto, apresenta ao leitor uma contribuição riquíssima e muito pouco conhecida da psicologia clínica para a psicologia escolar e do desenvolvimento. Escrevendo a respeito do autismo infantil, Mazetto apresenta pela primeira vez no Brasil a proposta terapêutica da Terapia da Troca e Desenvolvimento (TED), levando o leitor a conhecer os conceitos fundamentadores da terapia como um modelo de intervenção que oferece boas orientações ao professor.

Este livro é, portanto, para nós autoras, uma grande oportunidade de atingirmos plenamente o nosso objetivo como pesquisadoras, que é oferecer resultados empíricos e reflexões teóricas que possam de uma forma ou de outra auxiliar a comunidade. O livro dedicado à formação docente é um das principais pontes entre a tão desejada indissolubilidade da teoria e da prática pedagógica. Logo, nestas linhas temos a realidade do contato das nossas pesquisas com as tantas salas de aulas e professores espalhados por este país. Esperamos que possamos de fato ajudar os educadores a ampliar os seus conhecimentos a respeito do desenvolvimento psicológico dos seus alunos, e dessa forma, possibilitar aos educandos uma formação de qualidade.

Com exceção da pesquisadora Betânia Alves Veiga Dell'Agli,[2] todas as demais pesquisadoras tiveram suas pesquisas orientadas pela professora Maria Thereza Costa Coelho de Souza, do Instituto de Psicologia da USP, que, como especialista na teoria piagetiana, conduziu-nos e conduz, sempre com sabedoria, carinho e competência, pelo fascinante e complexo universo da psicologia escolar e do desenvolvimento,

---

[2] A pesquisa de Betânia Alves Veiga Dell'Agli foi orientada pela doutora Roseli Palermo Brenelli, professora da Faculdade de Educação da Unicamp.

em perspectiva piagetiana. A ela dedicamos este livro, por ter nos ensinado, inspirada em Piaget, a mais importante das implicações pedagógicas: fazer boas perguntas.

Luciana Maria Caetano

1. Educação moral e família

*Luciana Maria Caetano**

DESENVOLVIMENTO PSICOLÓGICO MORAL

Há bastante tempo, desde a época da ditadura, a palavra "moral" não é bem quista nos ambientes educacionais, tanto no formal – a escola – quanto no informal – a família. Por quê? Talvez porque faça lembrar a muitos a disciplina Educação Moral e Cívica, que para a maioria daqueles que a vivenciaram em suas experiências escolares se constituiu em uma disciplina ministrada como parte obrigatória do currículo escolar e que necessariamente reforçava, através de uma abordagem dogmática, a submissão e a falta de crítica. La Taille (2009, p. 251) comenta o respectivo tema em seu livro intitulado *Formação ética*, inclusive questionando a ausência atual nos currículos de uma disciplina que substituísse a extinta Educação Moral e Cívica, e que possibilitasse a superação da visão heterônoma de doutrinação de deveres absolutistas e impostos de outrora, trazendo, dessa forma, aos alunos reais possibilidades de reflexões didaticamente organizadas em torno de temas morais. Todavia, com relação ao nome de "educação moral", La Taille considera o mais indicado, uma vez que, segundo as suas próprias afirmações, ainda que o nome possa ser utilizado com variações de

---

* Pedagoga, mestre e doutora em Psicologia Escolar e do Desenvolvimento pela USP. Professora universitária e palestrante.

significados, diz respeito a um mesmo sentido: "O sentido da moral está nestas perguntas: Como viver melhor? Como viver em harmonia? Como viver sem dor? Virtudes como a justiça, a generosidade e a dignidade são respostas dadas a essas indagações e a outras" (La Taille, 2009, p. 250).

Portanto, parafraseando La Taille, este capítulo se inicia com esse breve comentário, legitimando a escolha do tema da educação moral, enquanto trabalho de igual valor e compromisso, tanto por parte da família, quanto por parte da escola. Entendemos que são as duas instituições que podem e devem auxiliar na formação de pessoas de bem, ou seja, pessoas respeitosas, justas, recíprocas e solidárias.

Mas, qual o papel dos pais e professores para, de fato, formarem pessoas justas, dignas e respeitosas? Para responder e fundamentar teoricamente essa questão, ninguém mais indicado que o biólogo suíço Jean Piaget, por ser ele o precursor de inúmeros e conceituados trabalhos de pesquisa e estudos do desenvolvimento e educação moral – Kohlberg (1981/1984/1987), Turiel (1989), Nucci (2000), Youniss & Smollar (1985), Smetana (1989), La Taille (1996), entre tantos outros. Para Piaget, a criança, ao se relacionar com outras crianças e com os adultos, constrói o conhecimento das regras que organizam a convivência com o outro e consigo mesma. Segundo suas próprias palavras:

> São as relações que se constituem entre a criança e o adulto e entre ela e seus semelhantes que a levarão a tomar consciência do dever e a colocar acima de seu eu essa realidade normativa na qual a moral consiste. Não há, portanto, moral sem sua educação moral, "educação" no sentido amplo do termo, que se sobrepõe à constituição inata do indivíduo (Piaget, 1930/1994, p. 3).

A citação de Jean Piaget descreve o papel do adulto na formação da criança. Segundo ele, os pequenos nascem sem qualquer conhecimento sobre o certo e o errado. Todo ser humano até os seus 2 ou 3 anos desconhece as regras morais; por isso Piaget chamou essa fase do desenvolvimento infantil em relação ao desenvolvimento moral de "anomia". Entretanto, ele afirma que o processo da gênese da moral se inicia com o sentimento de obrigação que a criança desenvolve em relação aos mais velhos, especialmente pais e professores, pois que:

> a criança, em presença de seus pais, tem espontaneamente a impressão de ser ultrapassada por algo superior a ela. Logo, o respeito mergulha suas raízes em certos sentimentos inatos e resulta de uma mistura *sui generis* de medo e afeição, que se desenvolve em função das relações da criança com seu ambiente adulto (Piaget, 1932/1994, p. 279).

Portanto, a partir do sentimento de respeito (amor e temor) que a criança pequena sente pelo adulto, ela inicia um processo de imitação das regras recebidas dos outros e utilização individual desses exemplos. Então a fase da anomia é substituída pela moral, que Piaget chamou de "heterônoma", porque dependente das regras e dos modelos dos mais velhos que convivem com a criança. Esse momento se constitui na gênese da moral na criança e pode ser também denominado de moral da obediência. O respeito que a criança sente em relação ao adulto é exatamente o sentimento de obrigação que a leva a obedecer às regras propostas pelos mais velhos devido à relação assimétrica que estabelece com eles, por isso esse respeito é chamado unilateral.

Lembrando que o conteúdo básico da teoria psicogenética de Piaget é a ação do sujeito que interage com os objetos, construindo, a partir dessas ações, formas e/ou estruturas

15

de inteligência que lhe permitem cada vez mais adaptar-se ao mundo em que vive. O objeto do conhecimento, no que diz respeito à educação e ao desenvolvimento moral, são as regras ou limites. Mas, por se tratar de um conhecimento social, ou seja, aprendido a partir dos exemplos e da orientação recebida dos mais velhos, pressupõe, então, o trabalho educativo. A questão é que esse trabalho nem sempre é bem realizado pelos adultos. Por um lado, porque a maioria dos adultos nada conhece a respeito do desenvolvimento moral infantil; e por outro, porque a maioria dos adultos também é considerada heterônoma, ou seja, embora adultos, ainda dependentes de estereótipos, ou outros tipos de motivações externas para agir de forma adequada. Este último fator é bastante grave, pois segundo Piaget (1945/1998, p. 154):

> Não é livre o indivíduo que está submetido à coerção da tradição ou opinião dominante, que se submete de antemão a qualquer decreto da autoridade social e permanece incapaz de pensar por si mesmo. Tampouco é livre o indivíduo cuja anarquia interior impede-o de pensar e que, dominado por sua imaginação ou por sua fantasia subjetiva, por seus instintos e por sua afetividade, é jogado de um lado para o outro entre todas as tendências contraditórias de seu eu e de seu inconsciente. É livre, em contrapartida, o indivíduo que sabe julgar, e cujo espírito crítico, o sentido da experiência e a necessidade de coerência lógica colocam-se a serviço de uma razão autônoma, comum a todos os indivíduos e independente de toda autoridade exterior.

Dessa forma, a grande novidade que a teoria piagetiana apresenta para os estudos de educação moral diz respeito à moral *autônoma*. Para Piaget, os adultos, reconhecendo o seu papel na formação de personalidades autônomas, deveriam preocupar-se em estabelecer com as crianças relações de respeito mútuo, ou seja, um tipo de relação social que ele chamou de "cooperação", a qual, em substituição às relações de coação, poderiam levar à superação da heteronomia (moral da obediência).

[...] a educação moral fundada sobre o respeito exclusivo ao adulto ou às regras adultas desconhece este dado essencial da psicologia de que existe na criança não uma, mas duas morais presentes; assim os procedimentos educativos fundados somente no respeito unilateral negligenciam a metade, e não a menos importante, dos profundos recursos da alma infantil (Piaget, 1930/1994, p. 12).

A grande questão está então na construção de relações de cooperação com as crianças. Existem reais possibilidades de os pais estabelecerem com os seus filhos relações de cooperação? O que sabem os pais a respeito de serem cooperativos com seus filhos? Quais as suas maiores dificuldades ao educar moralmente? Conseguir responder a essas perguntas é o grande objetivo do presente capítulo, por acreditar que é dever dos adultos estabelecer com as crianças relações que lhes possibilitem formarem-se enquanto adultos capazes de fazer julgamentos críticos, realizar escolhas adequadas, com atitudes justas e dignas, que garantam a si mesmos e aos seus próximos a vivência dos direitos humanos, independentemente de qualquer restrição de autoridade exterior. Traduzindo em palavras piagetianas: formar personalidades autônomas.

A FAMÍLIA E A EDUCAÇÃO MORAL

A família, como vai? Infelizmente, os ecos que ressoam ao se responder a essa pergunta não são realmente positivos, tampouco otimistas. Talvez o que mais se escute a respeito da família em sua função de educar diga respeito a um processo de crise. A família não educa mais, ou não sabe mais educar, as mães não oferecem a devida atenção aos seus filhos, a família sobrecarrega a escola, jamais a família necessitou tanto da ajuda de especialistas para educar: são ideias que permeiam o discurso sobre o tema. Por outro lado, também se escuta dizer que as crianças tampouco são as mesmas, que os tempos mudaram, que as crianças são diferentes, mais modernas e também mais desobedientes, ou no mínimo mais contestadoras.

Enfim, para compreender bem essas questões e tentar vislumbrá-las com um olhar mais compreensivo e menos inquisidor, apresentamos a seguir os dados de uma pesquisa realizada com os próprios pais a respeito do que pensam sobre a educação moral de seus filhos. Os dados da pesquisa[1] permitem analisar as representações que os participantes fazem de si mesmos, enquanto genitores, explicitando dessa forma o seu julgamento e pensamento sobre ser pai e ser mãe. Além disso, esses dados explicitam também o que os pais concebem como ideal de postura de educação e como conjunto de valores adequados para se transmitir aos filhos.

Os participantes da pesquisa totalizaram sessenta pessoas: pais e mães de crianças de 2 a 6 anos, com idades aleatórias, sendo trinta participantes do sexo masculino e trinta do sexo feminino. A pesquisa foi realizada no próprio ambiente escolar, ou seja, em duas escolas de educação infantil do interior do estado de São Paulo. Os pais eram convidados a participar de uma entrevista com a pesquisadora, e respondiam a questões relacionadas ao tema do desenvolvimento moral, entre elas: "O que deve fazer um bom pai quando o seu filho não o

---

[1] Este trabalho tem como fonte de dados a pesquisa intitulada *Os conceitos morais de pais e mães de crianças pequenas: um estudo sobre a obediência*, apresentada ao Instituto de Psicologia da Universidade de São Paulo, como parte dos requisitos para obtenção do título de Mestre, na área de Psicologia Escolar e Desenvolvimento Humano, sob a orientação de Maria Thereza Costa Coelho de Souza. Tal pesquisa encontra-se publicada: CAETANO, Luciana Maria. *O conceito de obediência na relação pais e filhos*. São Paulo: Paulinas, 2008.

obedece?", "O seu filho o obedece? Sim ou não, e por quê?", "Você acha justo punir as crianças desobedientes? Como e por quê?". A pesquisadora também contou pequenas histórias hipotéticas relatando casos de crianças desobedientes aos pais e perguntou a eles a sua opinião a respeito.

Com as respostas dos pais, elaboraram-se sete observações importantes sobre as representações que os genitores fazem a respeito do seu papel como educador. Passaremos agora a indicá-las e comentá-las, pois elas também podem servir como orientação para professores e demais educadores.

Os participantes revelam insegurança em relação à escolha das atitudes mais acertadas para garantir a educação das crianças

A transcrição seguinte, de um dos relatos obtidos a partir das entrevistas, ilustra a dificuldade dos pais em definir qual a melhor forma de educar moralmente os filhos, como fazer para orientá-los, corrigi-los. Além disso, evidencia que educar em momentos de dificuldades inerentes à correria do dia a dia – somado ao desgaste que representa cuidar de uma criança pequena, ainda tão egocêntrica e, portanto, centrada nos seus próprios desejos – leva a maioria dos pais a verdadeiros ataques de fúria em determinadas situações.[2]

Ah, meu Deus, às vezes eu me pergunto isso todos os dias, não é fácil!

É um conflito, você conversa com as crianças, você explica para as crianças, você se esquece, você grita... É bater, de vez em quando, muito raramente, tento me controlar com toda a minha parte consciente, para não usar esse artifício do bater.

---

[2] Os nomes dos entrevistados foram substituídos por abreviaturas ao final das transcrições para preservar suas identidades.

Eu faço o combinado com eles, então eu mostro esta minha fraqueza, este meu lado de pessoa que sente, fica triste, que fica com raiva... Eu procuro mostrar esse limite, que extrapolou... Então é um conflito terrível (FERM-A).

Durante a entrevista, esse conflito se evidencia, pois a grande maioria dos participantes se trai em determinado momento ou questão, afirmando ter uma atitude como aquela que acabou de questionar, ou afirmou evitar na questão anterior. A dificuldade é apresentada pelo número considerável de categorias diferentes para cada questão, demonstrando que os pais não têm exatamente um caminho pré-definido a seguir no momento de educar os filhos, e que acabam seguindo um programa de ensaio-erro na educação dos pequenos, ou seja, tentam de uma forma, de outra, até alcançarem a obediência naquela determinada situação.

O grande problema dessa situação é que, se o pai ou a mãe não têm os objetivos bem definidos ao educar os seus filhos, eles correm realmente o risco de se perder nessa empreitada que já é suficientemente imprevisível. É do adulto, no caso os pais e também os professores, a responsabilidade por qual tipo de pessoas desejam formar. Segundo La Taille (2009), não há dúvida de que as crianças dos dias de hoje são inseridas em um planeta e uma sociedade em péssimo estado: cidades violentas e caóticas, destruição do meio ambiente, educação de péssima qualidade, trabalho escasso, falta de perspectivas para o futuro, entre tantas outras condições.

Por outro lado, La Taille afirma que os adultos que conduzem o mundo atual, os pais e mães dos dias de hoje, foram no passado jovens que lutaram contra as gerações anteriores, contra as regras morais impostas, e que, agora, são esses mesmos adultos os responsáveis pela sociedade como ela está. Na verdade, La Taille aponta a dificuldade dessas gerações em reconhecer sua responsabilidade: a responsabilidade de cuidar do mundo (La Taille, 2009, p. 81). Ainda assim, citando dois filósofos franceses, Jeambar e Rèmy, La Taille afirma: "E que futuro preparamos para os nossos filhos? Somos a primeira geração que legará à próxima menos do que recebeu da anterior" (p. 81).

Os pais não desejam que seus filhos se tornem submissos e obedientes, mas muitas das suas intervenções junto às crianças traem os seus próprios objetivos

Esse segundo aspecto observado pela pesquisa revela que os educadores, quando questionados, afirmam que gostariam que as crianças aprendessem a cumprir os combinados, ou as regras, e que as crianças pudessem ser orientadas através do diálogo e das suas explicações. Todavia, quando têm que resolver o problema de uma mentira que a criança conta para justificar uma desobediência, ou quando precisam resolver o problema da birra que o menino faz se jogando no chão porque não quer ir tomar banho, ou ainda, quando precisam resolver a briga entre dois irmãos que se agridem por conta do canal de televisão, afirmam veementemente que o seu posicionamento é o empírico, ou seja, agem por tentativas: tentam conversar primeiro; se não dá certo, buscam um castigo que convença a criança; se não funcionar, a última opção a ser utilizada é uma atitude mais severa: beliscões, chineladas, puxões de orelha etc.

Afirmam veementemente que gostariam que os filhos fossem obedientes, mas, ao mesmo tempo, consideram inadmissível a perspectiva de formar pessoas submissas. Entram em um dilema. Não querem ser autoritários, mas acabam não se constituindo autoridade, e afirmam que as crianças são, por natureza, seres desobedientes. Gostariam que as crianças sentissem por eles o mesmo respeito que afirmam nutrir pelos seus próprios pais, mas admitem que eles mesmos são incoerentes, e que percebem que os seus filhos conhecem bem os seus pontos fracos, que são: não legitimar as regras combinadas com as crianças, ceder às suas insistências, fazer ameaças que não são cumpridas, fingir que não estão vendo as coisas erradas que as crianças fazem, entre outras atitudes incoerentes.

Segue abaixo mais um relato:

> O certo para a criança seria não desobedecer, mas desobedece; é da criança e se ela não fizer isso ela não é criança. Eu acho que hoje em dia está todo mundo quebrando regras, e ninguém sabe direito o que é certo ou errado, mas ela até está no direito dela de descumprir e desobedecer à mãe. Será que a mãe está certa realmente? Será que a mãe está sempre certa? Será que o pai está sempre certo? Às vezes, nem tanto! Meu marido fala muito assim: Menino, para de ser criança! Obedece! (rs). Não tem como a criança deixar de ser criança. Porque criança é criança e que nem tudo o que a gente faz às vezes está certo, né!? (ROM-B).

Outra grande dificuldade apontada acima diz respeito à incerteza que os pais demonstram em relação à definição do certo e o do errado nos dias atuais. Como trabalhar regras e limites, se os próprios pais não têm convicção dos valores que os pressupõe? Vivemos atualmente numa sociedade que, entre outras características, sofre com a crise ou a ausência de valores.

Os pais não desejam repetir os erros dos seus próprios pais

Outra questão bastante interessante que a pesquisa revelou diz respeito à própria relação dos genitores com a educação. O relato abaixo exemplifica essa dificuldade atual no ato de educar. Todavia, mais do que evitar o autoritarismo de outros tempos, essa postura dos pais revela também a sua falta de referenciais para educar. Eles não querem educar como os pais das gerações anteriores, mas sobre quais parâmetros se fundamentam então para educar?

Olha, eu vou te falar um fato que aconteceu comigo quando eu tinha de 6 para 7 anos. Nós éramos em três primos e em um determinado momento aconteceu uma situação, e esse primo colocou a culpa em mim, o pai me deu uma surra de cinto que nunca mais eu esqueci. Ele passou como se fosse eu que tivesse feito e não era eu e o meu pai não questionou e me deu uma surra. Então o que acontece, até hoje eu lembro desse fato perfeitamente e foi a única vez que o meu pai me bateu e que eu disse pra ele: mais uma vez, eu vou embora de casa, eu apanhei tanto por uma coisa que eu não tinha feito. Depois da surra que ele foi perceber que não era eu. E aí que eu já tinha apanhado. – Mas ele chegou a se desculpar? – Não (FREIp-A).

A frase revela um pai angustiado, que se lembra das dificuldades vivenciadas quando ainda era criança, sem defesa diante do autoritarismo e da negligência do seu pai em relação à situação descrita. Esse relato foi colhido mediante a seguinte pergunta: "Você acha justo punir as crianças quando elas desobedecem?". E a resposta dele foi exatamente contar uma punição injusta. Assim, além de todas as questões políticas, sociais, psicológicas e econômicas que levaram a uma transformação no conceito e na gestão da família, o que faz que a família contemporânea tenha as suas próprias características, diferentes daquelas predominantes nas famílias do passado, o que se pode notar nos dias atuais é uma negação da tradição e da educação fundamentada nos valores e/ou orientações e exemplos dos antepassados. Conforme Moreira & Biasoli-Alves (2008, p. 35):

> Observa-se que os pais exacerbam características negativas da educação recebida ou acirram a rigidez e o autoritarismo anteriormente presentes, fazendo muitas vezes uma análise descontextualizada do passado. Os pais passam então a buscar incessantemente respostas que possam resolver as suas dúvidas e se deparam com uma diversidade de informações, baseadas em pontos de vista teóricos diferentes.

Moreira & Biasoli-Alves afirmam que muitas questões têm angustiado os pais nos últimos tempos, entre elas: como educar os filhos nos dias atuais? Como auxiliar as crianças a se tornarem pessoas mais felizes e mais bem-sucedidas? Como se educa? Quais as consequências dessa forma de educar para o futuro da criança? Assim, influenciados por essa pressão, a família contemporânea se mobiliza em busca de ajuda e orientação nos consultórios dos especialistas. Sayão & Aquino (2006, p. 76), detendo-se nas mesmas reflexões, comentam a respeito do enorme consumo por parte dos pais de "receitas de como educar", chamando a atenção para a ampliação do mercado editorial direcionado a esse fim, no qual vale tudo na mania de oferecer aconselhamento: educadores, médicos, filósofos, psicólogos, administradores, economistas e demais interessados emitem suas respectivas ideias.

Ainda com relação à falta de referencial para educar, pode-se afirmar que a situação está atrelada ao contexto socioeconômico e político, que conduz as pessoas aos chamados comportamentos pós-modernos. As características da sociedade pós-moderna – entre elas o hedonismo, as comunicações superficiais, a substituição da autoridade pela celebridade, a tacocracia, o simulacro e a desvalorização dos valores – conduzem a uma dificuldade perene vivenciada por toda a humanidade nos dias atuais: construir sua identidade e construir um projeto de vida (La Taille, 2009, p. 43).

Segundo La Taille (2009, p. 47): "Em uma cultura que não conserva valores, ou, o que dá na mesma, em uma cultura na qual todos eles valem, construir projetos de vida fica muito difícil", mas de qualquer forma, continua La Taille: "Adultos podem ter algumas provisões, reservas de valores para orientar suas vidas, seus filhos não" (p. 46). Logo, quando os próprios pais não sabem quais são os seus referenciais para educar, ou seja, quais são os valores dos quais originarão os princípios que serão transformados em regras e limites para os seus filhos, a educação se transforma em um grande problema, cujos resultados nem sempre são os esperados.

Outro problema que costuma atormentar os genitores, ainda pensando na dificuldade de educar, diz respeito à relação com a escola, especialmente quando ela chama os pais e os acusa de não estarem sendo pais adequados, uma vez que seus filhos não aprendem, ou são indisciplinados, ou ainda sabem demais e por isso atrapalham o bom andamento da sala de aula, entre outras coisas tão comuns que se ouvem nesses momentos. Os genitores, mais perdidos do que nunca, não sabem exatamente o que fazer. Daí, um dos comportamentos mais típicos adotados é ausentar-se das reuniões de pais e mestres para evitar esses momentos constrangedores.

Interessante pensar que até algumas décadas atrás a mãe que gerava ou adotava uma criança costumava acreditar que a maternidade lhe traria como bônus a habilidade inata para educar. Com relação a essa questão, Szymanski (2007, p. 18) faz um apontamento de extrema importância para todos os envolvidos com o processo educativo:

> Tal mito ainda permeia os planos públicos, de atenção às famílias, bem como as atitudes e procedimentos de profissionais e instituições e, em particular, a escola, na suposição de que os

pais e as mães detêm informações e habilidades que, muitas vezes, não têm.

Certamente, a família tem dificuldades para educar. Todos têm. A educação é um ato desafiador e imprevisível. Reprovar a família não deve ser o caminho utilizado pela escola nem por demais profissionais e instituições, tampouco pela nossa sociedade. A verdade é que os pais não querem repetir os erros dos seus próprios pais, mas outros erros com certeza são e serão cometidos.

A maior dificuldade apontada pelos pais está em saber como reagir quando a criança é desobediente, ou seja, a questão da sanção ainda é o problema mais difícil para os pais

A maior dificuldade apontada pelos pais ainda continua sendo a tomada de atitude em relação a um comportamento inadequado da criança. Obviamente porque eles procuram educar os seus filhos, e afirmam orientá-los da melhor forma possível. Todavia, as crianças desobedecem, e o que é mais difícil para os pais, segundo seus próprios relatos, é exatamente o que fazer com essa situação. Quem nunca observou um pai "indefeso e constrangido" diante de um menininho de 3 anos de idade que se joga no chão e grita que quer comprar o salgadinho, em meio a um corredor de supermercado, diante de olhos curiosos e reprovadores de estranhos que não podem deixar de conferir qual será a saída que o adulto encontrará para pôr fim àquele espetáculo?

Não existem pais ou mães que já não tenham passado por uma situação parecida. O que fazer? Uma mãe contou que estava com seu filho de 4 anos em uma sapataria. Comprava um presente para uma sobrinha, para cujo aniversário toda a sua família estava convidada. O pequeno travesso começou então a brincar fazendo de conta que era um caminhão, correndo por cima das cadeiras da sapataria. Imediatamente, a plateia presente voltou seu olhar para o pequeno "menino caminhão". A mãe chamou a sua atenção e pediu para ele descer. Obviamente o menino não obedeceu. A mãe, já começando a se desesperar, afirmou que se ele não descesse iria apanhar. Ele não desceu, mais uma vez. Então todos no lugar, ficaram esperando pela atitude dela. Ela ameaçou o menino, dessa vez com a voz mais raivosa, entre os dentes. Nada. Então, resignada, ela deu-lhe umas palmadas em público. Ainda pode ouvir os comentários: "Pensei que ela não ia fazer nada", "Onde já se viu uma covardia dessa, bater em uma criança tão pequena", "Agora que já sujou os bancos, ainda teremos que correr o risco dessa choradeira espantar os clientes". Sim, o último comentário era do gerente, e o menino estava realmente aos berros. Quanto à mãe? Sentindo-se a pior das criaturas...

Realmente, a agressão física não é a melhor atitude para resolver nenhum tipo de conflito, seja entre pais e filhos, ou entre quaisquer outras pessoas. Por quê? Porque fere um princípio: o da integridade física e psicológica, e ferindo esse princípio, nega-se o valor da dignidade humana. Portanto, a regra "Não se bate nas pessoas" deve valer universalmente para todos, ou seja, para as crianças com os amiguinhos na escola, mas para os pais com as crianças em casa. Uma regra, para ser válida, necessita ser oriunda de um princípio, que por sua vez está ligado a um valor (La Taille, 2006, p. 74). Para que se possa compreender melhor, segue outro exemplo: "Escovar os dentes" é a regra. Quanto ao princípio é aquele que explica o porquê da regra. No caso de escovar os dentes, o princípio é, então, para garantir a higiene bucal. Finalmente, o princípio da higiene se remete ao valor "saúde". Todavia, com relação à regra "Não se bate nas pessoas", parece ser mais difícil para os pais, conforme se pode observar pelo relato abaixo.

> A gente fala que bate, mas o certo é conversar, explicar. Mas na hora do nervoso ninguém pensa em conversar, a gente quer bater. Nesse momento, quando ela desobedece acabo brigando com a LAR, é gritando com a LAR, dizendo para ela que já tínhamos combinado, que não era para ela ter mexido ali, e ela também estava me enrolando (TON-A).

> Eu digo assim, não espancar a criança, mas, uma palmadinha resolve muito. Porque você fala... batendo de cinta como a gente apanhava antigamente, né... basta uma que já entende que está errado. Eu converso, mas aí na segunda vez... (BAR-B).

Além da questão das regras, a maior dificuldade dos pais está em entender que, quando uma regra é quebrada, ela precisa realmente ser de alguma forma restituída. As crianças compreendem a legitimidade de uma regra quando, ao longo de toda a sua vida, aquela regra é cumprida. Ou seja, os pais agem conforme essa regra, e as crianças são orientadas a cumpri-la também. Como? Essa é a maior dificuldade, mas, o que precisam compreender é que existem dois tipos de sanções e que sancionar ou castigar significa exatamente restituir com uma atitude a regra quebrada. Piaget (1932/1994, p. 161) fala exatamente em restituir a autoridade da regra.

Quanto aos dois tipos de sanção, Piaget as classifica em sanção expiatória e sanção por reciprocidade. Exemplificar a primeira é bastante fácil, até mesmo porque a grande maioria dos pais utiliza exatamente a sanção expiatória para corrigir os seus filhos. O principal exemplo da sanção expiatória é justamente a punição física. Esse exemplo explica bem a sanção expiatória, que significa exatamente o castigo que não tem nenhuma relação com o ato que está sendo corrigido. Assim, o menino do exemplo anterior estava caminhando por cima das cadeiras e como castigo apanhou por isso. Qual a relação entre apanhar e aprender que as cadeiras não são feitas para se caminhar sobre elas? Nenhuma. Conforme Piaget (1932/1994, p. 161): "a única coisa necessária é que haja proporcionalidade entre o sofrimento imposto e a gravidade da falta".

A outra sanção, aquela que verdadeiramente pode ensinar uma criança a compreender o valor das regras, é a sanção por reciprocidade, pois se mantém completamente relacionada ao ato que precisa ser corrigido. Dessa forma, quando a criança recebe esse castigo, tem verdadeira oportunidade de pensar e compreender o porquê e o valor da regra a ela apresentada. Assim, caso esteja atrapalhando a conversa dos adultos, é convidada a se retirar do cômodo; se derruba algo no chão, tem que limpar a sujeira que fez; no caso de não estar utilizando um objeto adequadamente, ficará sem o objeto até que se comprometa a utilizá-lo bem; no caso de estragar algo, terá na medida do possível que consertar ou restituir esse objeto; enfim, esses são alguns exemplos do castigo relacionado à falta, que, portanto, ajuda a criança a arcar com as consequências dos seus atos e a perceber que as regras são necessárias para a convivência harmônica entre as pessoas.

A inconsistência paterna e a ausência de limites são também problemas que se fazem presentes nos dados colhidos pela pesquisa

Os pais admitem em seu próprio discurso que muitas vezes o cansaço do dia a dia, as dificuldades pessoais, os sentimentos de culpa, entre outros, acabam sendo responsáveis por uma não conservação das regras e combinados com as crianças por parte dos pais. Infelizmente, observa-se que a mesma dificuldade em trabalhar as questões da disciplina acontece na escola, pois a maioria dos professores afirma não se sentir preparado para lidar com os conflitos na sala de aula. Outro fenômeno recente diz respeito ao fato das mães e pais que atualmente trabalham muito e acabam vendo pouco aos próprios filhos. Segundo eles, é bastante difícil ficar "dando bronca" nas crianças nesses poucos momentos nos quais interagem com os próprios filhos. Assim, a dificuldade de assumir o papel de adulto da relação se amplia. Finalmente, outra dificuldade está em relação aos pais divorciados, pois o desencontro entre os pais, conduz a dificuldade maior de organização e definição dos limites a serem trabalhados com as crianças.

Marques afirma que a inconsistência paterna é considerada uma das categorias que configuram em abuso psicológico da criança, pois pode suscitar grandes problemas de comportamento nos pequenos. Entre eles o mais comum, segundo ela, é a agressividade extrema, que normalmente se manifesta na convivência escolar. Pode parecer que inconsistência paterna é um comportamento de total negligência, mas o próprio ato de mimar as crianças é considerado um tipo de inconsistência paterna. Segue a definição, nas palavras de Marques (2000, p. 207):

> A inconsistência paterna se refere ao comportamento dos pais, que varia de acordo com o tempo e situações. Este comportamento é mais óbvio no caso da disciplina, quando os pais algumas vezes punem a criança por um determinado ato e outras vezes permitem que o ato se repita sem qualquer repercussão para ela.

Como se pode observar pelos fragmentos dos relatos dos pais apresentados a seguir, os próprios genitores admitem a sua dificuldade em estabelecer os limites e realizar a manutenção dessas regras junto às crianças, sendo coerente nas suas atitudes, nos castigos infringidos, bem como na própria utilização da sua autoridade:

> "Eu mesmo deixo o barco correr um pouco solto com ele", "Quando você fica meio liberada, a criança fica passando por cima", "Se você fizer corpo mole ele não obedece", "Aí vai enrolando e enrolando, então não aguento mais e passo para o pai", "Eu percebo que já sentiu isso, tipo ponto fraco em mim", "Ele me testa", "Falta atitude mesmo da minha parte, porque ele sabe que eu sou fraca e ele vai até onde ele consegue", "Às vezes a gente acaba cedendo em alguma coisa".

Quando os pais abdicam do seu papel de educador, a criança tem roubada a sua oportunidade de se desenvolver plenamente. Conforme observado na introdução deste capítulo, para que uma criança atinja a autonomia, ela necessita vivenciar outro estágio anterior no seu desenvolvimento, que é a heteronomia. Ser heterônomo significa ser dirigido pelo outro. As crianças precisam dessa direção e os adolescentes também. Não estamos falando de uma direção que coage, que impõe regras através do medo e da força das sanções expiatórias, mas de uma orientação que é antes de tudo exemplo, para depois se constituir retaguarda e amparo na formação de pessoas éticas.

O problema da falta de informação e formação. Os genitores desconhecem a evolução do desenvolvimento moral das crianças (falta-lhes o conhecimento da teoria e de boas estratégias para intervir adequadamente junto aos filhos)

Não existe nenhum participante que em algum momento da entrevista não tenha emitido expressões que revelam suas dúvidas e incertezas a respeito do bem educar: "Isso é difícil", "Boa pergunta esta", "Você vai nos responder o correto após a entrevista?", "Nossas atitudes são sempre tentativas cheias de boas intenções", entre tantas outras. Enfim, a questão é que a única escola que tiveram para ser educadores foi aquela cursada com seus próprios pais e, na maioria das vezes, não desejam repeti-la com seus filhos, conforme já exposto anteriormente.

Alguns exemplos podem ilustrar essa dificuldade dos pais. Em uma roda de família, um pequeno menino de 2 anos e meio brinca enquanto os adultos, inclusive os seus pais, distraidamente conversam. A sua brincadeira é simples: tem vários carrinhos; então, os alinha sobre um pequeno murinho, que separa dois ambientes, e sobre o qual alguns dos seus tios estão sentados. Depois de alinhar os carrinhos, os atira um a um ao chão. Depois, os recolhe novamente e recomeça a brincadeira. Acontece que sobre o mesmo murinho existem copos de bebidas dos adultos. Esses copos são de vidro. Esses copos estão ao alcance da criança. De repente, o menininho pega um desses copos e o atira ao chão. Olha para os adultos e ri divertindo-se com o barulho causado e com a atenção súbita que tem de todos os adultos ao mesmo tempo.

Bem, esse exemplo é importante e interessante para discutir a falta de informação dos pais porque se remete a uma grande dificuldade partilhada pela maioria dos genitores: não conhecem nada a respeito do desenvolvimento infantil.

Não sabem as características cognitivas, afetivas, sociais e morais das crianças conforme as suas faixas etárias. Trocando em palavras mais simples, não sabem o que esperar e o que exigir dos seus filhos nas diferentes fases que atravessam. Assim, o menininho da história acima deveria ser punido?

Não, na verdade, os pais dele é que deveriam receber algum tipo de repreensão, exatamente por terem deixado copos de vidro ao alcance da criança, e ainda mais, próximo aos seus brinquedos. Na verdade, a brincadeira poderia ter causado um grave acidente. Crianças de 2 a 3 anos não sabem e nem têm como sabê-lo, devido às suas capacidades cognitivas, classificar quais objetos são para brincar e quais não são. Cabe aos pais realizar essa distinção. O pior foi o comentário dos adultos na ocasião, que, já rotulando e criando um estereótipo de menino difícil, afirmaram que ele havia feito de propósito e que sabia muito bem o que estava fazendo, afinal, depois que quebrou o copo olhou para todo mundo e riu. Crianças nessa faixa etária não têm, novamente, capacidade cognitiva e afetiva para premeditar o que quer que seja. Estava unicamente fazendo experiências de ver o que acontecia com os objetos que tinha ao seu alcance para atirar. Aliás, atirar, balançar, empurrar, puxar, jogar, experimentar, lamber, cheirar, sacudir, agrupar, ajuntar, empilhar, são algumas entre tantas ações que as crianças dessa faixa etária gostam de fazer com os objetos.

Outra fase que necessita grande conhecimento por parte dos pais é a adolescência, um momento muito especial na formação de uma pessoa. Não que uma fase seja mais importante do que a outra; a questão é que alguns pais costumam delegar poder e autonomia demasiada a filhos adolescentes, tratando-os como se fossem adultos, fato que realmente não é verdadeiro ainda. Assim, é necessário que os pais saibam quais as características que seus filhos apresentam no decorrer do seu desenvolvimento a fim de que não cometam erros que podem causar dificuldades e comprometimentos no desenvolvimento infantil.

Como deve pensar e agir um bom pai?

Quando questionados a respeito do que deve fazer um bom pai quando o seu filho desobedece, os pais apresentam respostas bastante variadas. Alguns assumem com grande franqueza que resolvem o problema da desobediência dos filhos através de tentativas, ou seja, primeiramente tentam dialogar com os filhos. Os pais admitem que o diálogo é a melhor forma de solucionar as desavenças com os filhos, todavia, dizem que não conseguem necessariamente colocar isso em prática, ou, mais do que isso, parece que suas palavras nem sempre surtem efeito. Então, quando as palavras não funcionam, eles afirmam que partem para os castigos, e admitem que, quando os castigos também não obtêm sucesso, eles acabam agredindo as crianças. E de fato afirmam que existem ocasiões nas quais "as crianças pedem para apanhar" (Caetano, 2008, p. 144).

Ainda há os pais que respondem que um bom pai deve punir os seus filhos, ou seja, o bom pai deve cercear o comportamento inadequado do filho, seja da forma que for. Mas, também há aqueles que admitem que o bom pai dialoga com o filho, buscando explicar as regras e ouvir as suas explicações para compreender o que a criança está pensando. E, finalmente, há pais que afirmam que o bom pai é aquele capaz de se autocontrolar, ou seja, mesmo em momentos de raiva e ira, ele procura ser racional para não extrapolar no trato com as crianças (Caetano, 2008, p. 141).

Obviamente que não existe nenhuma receita para ensinar os pais a serem os melhores pais possíveis. Todavia refletir a respeito leva os educadores a tomar consciência do melhor caminho a ser seguido. Quando se resolve pequenos conflitos do dia a dia com as crianças, é necessário que os pais tenham clareza de quais são os seus objetivos ao educar. Muitas vezes o que os pais fazem é apenas buscar uma solução rápida para uma situação conflituosa. A questão é que tal intervenção pode de fato solucionar temporariamente a situação, mas não tem valor educativo. Em outras palavras, resolve-se o problema, mas não se aproveita aquela vivência para educar, ou, o pior, muitas vezes a atitude tomada pelos pais conduz a um aprendizado de um comportamento indesejado.

Segundo o americano Hoffman (1975, p. 44), existem três categorias de disciplina adotada pelos pais no desenvolvimento moral das crianças. Conforme afirma, essas categorias são didaticamente classificadas e têm como objetivo exatamente ajudar os pais a refletir a respeito da maneira como realizam as intervenções junto aos filhos quando desobedecem, ou seja, quando não cumprem as regras. As estratégias de disciplina são três: afirmação de poder, retirada do amor e indução.

O quadro abaixo explica e exemplifica cada uma dessas formas de intervir junto às crianças:

PRÁTICAS DISCIPLINARES	CARACTERÍSTICAS	EXEMPLOS
AFIRMAÇÃO DE PODER	Inclui punição física, privação de privilégios ou objetos materiais, aplicações diretas da força e ameaças de qualquer uma dessas práticas.	Punir a criança física ou materialmente. Afirmações do tipo: "Quem manda em você sou eu"; "Ou desce daí ou vai apanhar"; "Você vai vestir essa roupa agora"; "Você não tem querer".

35

RETIRADA DO AMOR	Os pais dão expressão direta, mas não física, à sua raiva ou desaprovação pelo fato de a criança realizar algum comportamento indesejável.	Ignorar a criança, voltar as costas para ela, recusar-se a falar com ela ou escutá-la, isolá-la ou ameaçar abandoná-la. Afirmações do tipo: "Eu não gosto mais de você"; "Você me deixou muito magoado".
INDUÇÃO	Inclui técnicas nas quais os pais dão explicações ou razões para conseguir que a criança mude seu comportamento, mostrando as consequências do comportamento da criança em relação aos outros.	Afirmações como: "Não se bate nas pessoas, isso machuca"; "As cadeiras servem para sentar"; "Escova-se os dentes para não se ter cáries"; "Não grite com ele, seu irmão está tentando ajudá-lo".

Entre esses modelos apresentados, segundo Hoffman (1975), a indução é apresentada como a maneira mais eficaz para a promoção do desenvolvimento moral da criança, sendo quatro os seus principais argumentos:

1. Os pais são modelo de autoridade racional e não arbitrária, pois não usam de técnicas como ameaças, punições e recompensas. Quando, por outro lado, usam punições e recompensas, isso conduz obviamente a formação de uma imagem de pais punitivos ou recompensadores;

2. Oferecem aos filhos oportunidades de pensar e refletir sobre os próprios atos, o que dá às crianças recursos

cognitivos necessários para desenvolver o autocontrole posteriormente, portanto, possibilita a autonomia;

3. Centralizam sua atenção para o ato a ser corrigido, o que ensina a criança a arcar com as consequências dos seus atos, e, nesse sentido, ampliar a sua capacidade de motivação interior para não voltar a cometer o mesmo ato novamente;

4. Orientam a criança fazendo-a observar as consequências de seus atos para com os outros, dirigindo a atenção da criança para o sofrimento de outras pessoas e explicando sua natureza, se não for óbvia, eliciando uma resposta empática.

Com relação aos outros parâmetros de intervenção, algumas questões têm importância sublinhada, segundo Hoffman (1975): a técnica da retirada do amor produz a separação entre pais e filhos, pois tende a produzir ansiedade nas crianças, reduzindo ou impedindo a comunicação entre ambos. E a ansiedade provocada prejudicará a compreensão da criança e a impedirá de vivenciar a empatia com a situação que lhe ajuda a dirigir a sua atenção para as consequências do ato cometido em relação aos outros. Por outro lado, a afirmação do poder alimenta a imagem dos pais como pessoas que punem, que agem de forma arbitrária, e por isso alguém que deve ser evitado, e não alguém de quem se possa aproximar ou alguém que se queira imitar. Isso posteriormente diminui a influência do pai e faz com que a criança aprenda a controlar as suas ações prevendo as consequências externas impostas pelo adulto. Como exemplo, temos as crianças que elaboram cada vez mais mentiras para não "serem pegas" e, então, punidas pelos pais. Portanto, não há aprendizagem de controle interno, o que significa compreensão e legitimação das regras.

Assim, quando se pretende ser um bom pai, é necessário refletir antes de intervir junto às crianças, pois, como bem se pôde observar, há situações nas quais as técnicas disciplinares utilizadas pelos pais resolvem os problemas com as crianças momentaneamente, mas não se prestam à formação moral delas.

IMPLICAÇÕES PEDAGÓGICAS

O resultado da pesquisa apresentada anteriormente revela duas necessidades: a primeira, que a escola assuma também o seu papel no trabalho com a educação moral na sala de aula; e a segunda diz respeito à construção de uma parceria com a família para juntas trabalharem no desenvolvimento global da criança, inclusive o desenvolvimento moral.

Com relação ao primeiro aspecto, pode-se afirmar que a maioria dos professores resiste à ideia de ampliação da grade curricular escolar para o desenvolvimento da educação moral na escola. Ainda que os Parâmetros Curriculares Nacionais apontem a Ética como um dos conteúdos transversais proposto pela escola, a grande maioria dos professores[3] mostra-se resistente em incorporar mais essa função ao seu papel de educadores. Esses professores acreditam que a educação moral deve fazer parte da chamada "educação de berço", isto é, trata-se de uma responsabilidade da família.

Todavia, a escola é por excelência o lugar ideal para a construção da autonomia, porque na escola as crianças têm a oportunidade de conviver com seus pares, ou seja, as outras crianças. Segundo Piaget (1930/1996), essa oportunidade da vivência das relações de cooperação pautadas no

---

[3] A autora deste capítulo realiza trabalhos de formação de professores sobre a temática da educação moral na escola, orientando-os teoricamente e sugerindo práticas de intervenções positivas para a construção da autonomia moral na escola.

respeito mútuo é essencial para a construção daquilo que ele considera o objetivo máximo do processo educativo: formar personalidades autônomas. Conforme as palavras de La Taille, a escola é um lugar extremamente propício para a construção da autonomia, pois: "Escola é uma verdadeira usina de sentidos, sentidos de vida (ética) e de convivência (moral), e não há outra instituição social de que se possa dizer o mesmo" (La Taille, 2009, p. 80).

Porém, se o educador, na sala de aula, reproduzir a assimetria das relações familiares, isto é, se o educador nada conhecer a respeito do desenvolvimento moral da criança, e para instituir a disciplina na sala de aula se utilizar de estratégias de coação – utilização de castigos arbitrários e recompensas, humilhações e ameaças –, estará negando aos alunos a real possibilidade da construção da autonomia. Infelizmente, são raras as escolas que instituem em sala de aula as relações de cooperação. Para se certificar disso, pode-se consultar as pesquisas de Menin (2005) a respeito das injustiças na escola. Ou basta, quem sabe, valer-se de uma maneira mais simples: perguntar a uma criança pequena que frequenta a escola quem é o melhor aluno da classe. Por incrível que possa parecer ela ainda responderá que o melhor aluno é uma determinada criança ou ela própria, e quando questionarmos porque essa criança x é o melhor aluno, a sua resposta será porque ele é quietinho. Pois a disciplina ainda está vinculada a silêncio e obediência.

Por outro lado, a escola, historicamente falando, vivencia uma nova forma de ser escola. E por isso, não se compreende mais como instituição detentora e transmissora do conhecimento, uma vez que reconhece que as crianças, ou o sujeito que aprende, são ativas na construção do seu conhecimento. A escola também tende a reconhecer a necessidade de aproximação com a família, para que possa construir uma continuidade entre a educação familiar e a escolar.

Finalmente, a escola ainda tende a incorporar a necessidade de estender a sua área de atuação para terrenos que antes pertenciam à família, como, por exemplo, a educação moral e a educação sexual e afetiva, antes considerados de âmbito familiar (Nogueira, 2005, p. 573). Mesmo que essa seja a nova realidade da instituição escola nos dias de hoje, a construção da relação escola/família é uma tarefa bastante árdua e que ainda necessita ser edificada. Infelizmente, essa relação ainda é mais permeada por desencontros do que por encontros, por distanciamento e discordâncias do que por parcerias. A própria transformação do conceito de família, caracterizado por toda a sociedade como uma instituição que vivencia uma grande "desordem" (Roudinesco, 2003), projeta para a escola um imenso desconforto em relação a essa possibilidade de contar com a família como aliada na formação da criança.[4]

A pesquisa que esse capítulo apresentou revela que os pais estão vivenciando reais dificuldades para educar os seus filhos. Reprovar a família (Sayão & Aquino, 2006) não é papel da escola. Acusá-la pelo fracasso dos alunos que não aprendem tampouco (Carvalho, 2008). A escola, enquanto instituição social cuja função principal é educar, por contar com profissionais remunerados e qualificados para o seu papel de especialistas em educação, é quem necessita dar o primeiro passo para a construção da parceria com a família.

Conceito de parceria que se justifica no objetivo comum de assumir diante da criança o papel de adultos da relação. Ou seja, assumir que a criança necessita do adulto para crescer e se tornar uma pessoa de bem, que tenha como valores a justiça, a generosidade e a dignidade. Por fim, compreender que, sem a educação, ela não pode construir esses valores.

---

[4] Para saber mais sobre construção da relação família e escola, ver Caetano (2009).

Para que a criança seja autônoma, ela precisa conviver com adultos autônomos. Nas palavras de La Taille (2009, p. 46):

Ser autônomo, sobretudo no que tange a ideais ideológicos, morais e éticos, é característica de pessoas mais velhas, que conseguiram parte de suas dependências heterônomas. E, se elas, hoje, conseguem eleger valores, conservá-los a despeito da desvalorização constante que eles sofrem, é que em um momento anterior de suas vidas tiveram oportunidade de viver num contexto mais estável.

Daí a necessidade da escola se encaminhar no sentido de estabelecer uma parceria com a família, buscando auxiliá-la a retomar esse papel de adulto autônomo consciente de seus valores. Ou seja, que se encarreguem de proteger a criança do mundo até que ela cresça, mas também de proteger o mundo da criança (Arendt, 1964/2005, p. 235), no sentido de se responsabilizar pela formação da criança para que ela seja no futuro um adulto apto a auxiliar na construção de um mundo mais justo, digno e generoso.

REFERÊNCIAS BIBLIOGRÁFICAS

ARENDT, Hannah. *Entre o passado e o futuro*. Tradução: Mauro W. Barbosa de Almeida. São Paulo: Perspectiva, 1964/2005.

CAETANO, Luciana Maria. *O conceito de obediência na relação pais e filhos*. São Paulo: Paulinas, 2008.

_____. *Dinâmicas para reunião de pais*: construindo a parceria na relação escola e família. São Paulo: Paulinas, 2009.

CARVALHO, Maria Eulina Pessoa de. Escola e família: especificidades e limites. *Presente!*, Revista de Educação, São Paulo, n. 62, pp. 30-33, 2008.

HOFFMAN, Martin. Desenvolvimento moral [1970]. In: CARMICHAEL, Leonard. *Manual de psicologia da criança*, São Paulo, EPU/Edusp, vol. 9, n. II., org. da ed. original de Paul Mussen, coord. da ed. brasileira de Samuel Pfromm Netto, pp. 1-159, 1898/1975.

KOHLBERG, Lawrence. *Essays on moral development*. San Francisco: Harper & Row, 1981/1984/1987.

LA TAILLE, Yves de. A educação moral: Kant e Piaget. In: MACEDO, Lino de (org.). *Cinco estudos de educação moral*. 2. ed. São Paulo: Casa do Psicólogo, 1996. pp. 137-178.

_____. *Limites: três dimensões educacionais*. São Paulo: Ática, 1998.

_____. *Moral e ética*: dimensões intelectuais e afetivas. Porto Alegre: Artmed, 2006.

_____. *Moral e ética*. Porto Alegre: Artmed, 2008.

_____. *Formação ética*. Porto Alegre: Artmed, 2009.

MARQUES, Maria Aparecida. Abuso psicológico de crianças e adolescentes. In: SISTO, Fermino Fernandes; OLIVEIRA, Gislene de Camposa; FINI, Lucila Dihel Tolaine (orgs.). *Leituras de psicologia para formação de professores*. Petrópolis: Vozes, 2000. pp. 205-223.

MENIN, Maria Suzana de Stefano. *Representações sociais de lei, crime e injustiça em adolescentes*. Campinas: Mercado de Letras, 2005.

MOREIRA, Lúcia; BIASOLI-ALVES, Zélia Maria Mendes. O olhar dos pais de camada média sobre a educação dos filhos. In: MOREIRA, Lúcia; CARVALHO, Ana M. A. (orgs.). *Família e educação*: olhares da psicologia. São Paulo: Paulinas, 2008. pp. 33-58.

NOGUEIRA, Marialice; ROMANELLI, Geraldo; ZAGO, Nadir (orgs.). *Família e escola*: trajetórias de escolarização em camadas médias e populares. Petrópolis: Vozes, 2000.

NOGUEIRA, M. A. A relação escola-família na contemporaneidade: fenômeno social/interrogações sociológicas. *Análise Social*, XL (176), pp. 563-578, 2005.

NUCCI, Larry. Psicologia moral e educação: para além de crianças "boazinhas". *Educação e Pesquisa*, São Paulo, vol. 26, n. 2, pp. 71-89, 2000.

PIAGET, Jean. Os procedimentos da educação moral [1930/1994]. In: MACEDO, Lino de (org.). *Cinco estudos de educação moral*. 2. ed. São Paulo: Casa do Psicólogo, 1996. pp. 1-36.

_____. *O juízo moral na criança*. Tradução: Elzon Lenardon. 2. ed. São Paulo: Summus, 1932/1994.

PIAGET, Jean. A educação e a liberdade [1945/1998]. In: PARRAT-DAYAN, Silvia; TRYPHON, Anastasia (orgs.). *Jean Piget: sobre a pedagogia*. Tradução: Cláudia Berliner. São Paulo: Casa do Psicólogo, 1998. pp. 153-160.

_____. *Para onde vai a Educação?* Tradução: Ivette Braga. 15. ed. Rio de Janeiro: José Olympio, 1948/2000.

ROUDINESCO, Elisabeth. *A família em desordem*. Tradução: André Telles. Rio de Janeiro: Jorge Zahar, 2003.

SAYÃO, Rosely; AQUINO, Julio Groppa. *Família: modos de usar*. São Paulo: Papirus, 2006.

SMETANA, Judith G. Adolescent's and parents' reasoning about actual family conflict. *Child Development*, vol. 60, pp. 1052-1067, 1989.

SZYMANSKI, Heloisa. *A relação família e escola*: desafios e perspectivas. Brasília: Liber, 2007.

TURIEL, Elliot. Dominios y categorías en el desarrollo cognitivo y social. In: TURIEL, Elliot; ENESCO, Ileana; LINAZA, Josetxu (orgs.). *El mundo social em la mente infantil*. Madrid: Alianza, 1989. pp. 309-322.

YOUNISS, James; SMOLLAR, Jacqueline. *Adolescent relations with mothers, fathers, and friends*. Chicago/London: The University of Chicago Press, 1985.

2. Dificuldade de aprendizagem: análise das dimensões afetiva e cognitiva

Betânia Alves Veiga Dell'Agli*
Rosely Palermo Brenelli**

A dificuldade para aprender acomete várias crianças em todo o mundo. No Brasil, em decorrência dos problemas enfrentados no nosso sistema educacional, com destaque à qualidade do ensino, tal situação se torna ainda mais grave. Professores, pais, especialistas e pesquisadores tentam encontrar explicações de toda ordem, sem, contudo, chegarem a um consenso, dada a complexidade que envolve a questão.

Ao buscar significados para a dificuldade de aprendizagem, várias definições são encontradas e elas diferem dependendo do referencial teórico-metodológico de cada profissional, da maneira pela qual cada um lança seu olhar sobre o problema. E podemos dizer que em nosso país a definição é ainda mais complicada em função da quantidade de variáveis, como a baixa escolaridade dos pais, as condições inadequadas de saúde, a formação deficitária de muitos educadores, a falta de assistência na reabilitação e na prevenção, entre outras. Em países desenvolvidos esses aspectos são minimizados. No entanto, definições foram propostas e

---

* Psicóloga e doutora em Educação pela Faculdade de Educação da Unicamp. Docente do curso de Psicologia da Unifae (São João da Boa Vista–SP).

** Pedagoga, mestre e doutora em Educação pela Unicamp. Professora do Departamento de Psicologia da Faculdade de Educação da Unicamp.

elas têm norteado a tomada de decisão, o diagnóstico e a intervenção junto à criança, à família e à escola.

O *Manual diagnóstico e estatístico de transtornos mentais* (DSM-IV) propõe o termo Transtornos da Aprendizagem, e a definição aponta para um desempenho significativamente abaixo em leitura, matemática ou expressão escrita quanto à idade, à escolaridade e ao nível de inteligência. Sugere que o desempenho deva ser apurado por meio de testes padronizados e individualmente aplicados. Ressalta ainda a interferência no rendimento escolar.

Outra definição, proposta e citada por vários estudiosos, diz que Dificuldade de Aprendizagem é um termo geral que engloba um grupo heterogêneo de problemas que pode interferir no processo de aprendizagem simbólica, como a leitura, a escrita e o raciocínio matemático, e acredita-se que seja em função de alterações no sistema nervoso central. Tal definição considera ainda que podem coexistir problemas de ordem emocional, diferenças socioculturais, deficiência mental, entre outras, mas é categórica ao afirmar que as dificuldades de aprendizagem não resultam deles (Fonseca, 1995; Sisto, 2001; Santos, Marin Rueda & Bartholomeu, 2006 e Rotta, 2006).

Ohlweiler (2006) ao pesquisar os termos na literatura aponta para a necessidade de definir uma terminologia uniforme que possibilite uma melhor comunicação entre os profissionais da área. Ela explicita as principais, sendo elas: "distúrbios", "problemas", "discapacidades", "dificuldade" e "transtornos", e faz uma distinção entre estes dois últimos. A dificuldade estaria relacionada a uma proposta pedagógica inadequada, capacitação insuficiente do professor, problemas familiares, déficits cognitivos, entre outras, podendo ser compreendida como dificuldade de percurso. Incluem nesta categoria as dificuldades secundárias, que nada mais são do que as advindas de outras alterações como doenças crônicas, transtornos psiquiátricos, deficiência mental e doenças neurológicas. O transtorno por sua vez consiste num conjunto de sintomas e sinais que alteram o processo de aquisição e manutenção de informações, acarretando perturbações no aprender da criança.

Ciasca (2003), ao se deparar com as inúmeras definições, adota em seu serviço de atendimento à queixa escolar a terminologia Distúrbio de Aprendizagem (DA) para se referir àquelas crianças que apresentam uma disfunção do sistema nervoso central, o que ocasiona uma alteração no processo de aquisição ou do desenvolvimento, e neste caso seria de caráter funcional. Ciasca adota o termo Dificuldades Escolar (DE) quando a dificuldade da criança está diretamente ligada a um problema de ordem e origem pedagógica.

Considerando esse panorama geral, verificamos algumas convergências e destacamos o fato de o problema ser da própria criança, ou seja, de constituição orgânica, com alguma ressalva para a questão do ensino. Ao pensar nisso uma questão se coloca: E se de fato o problema for de ordem intrínseca? Não seria na escola, com intervenções adequadas do professor, que elas deveriam ser sanadas ou pelo menos minimizadas? O problema não está apenas nas definições que permitiriam um diagnóstico mais preciso, mas também nas condutas interventivas, que são escassas em função de vários fatores, como despreparo dos profissionais, salas de aulas lotadas e ensino prioritariamente tradicional.

Além da definição, estudiosos pensaram nas possíveis causas para as dificuldades de aprendizagem e provável fracasso escolar. O que se vê são inúmeras concepções. Corrêa (2001) reflete sobre elas e destaca a visão médica e neurológica, que aponta para uma causa orgânica do não aprender; a visão psicológica, pautada na deficiência cognitiva, medida pelos testes psicométricos; a visão psicanalítica, que direciona o problema para o ambiente, e este será o determinante na constituição da personalidade; além de privilegiar a dimensão afetiva na compreensão dos comportamentos, sendo eles frutos do inconsciente; e por fim a visão sociológica, que considera a privação cultural como fator determinante do fracasso.

Sisto & Martinelli (2006) reforçam a ideia de inúmeras concepções ao dizerem que as causas têm sido buscadas na criança, no contexto da sala de aula, nas peculiaridades do ambiente social no qual o aluno vive, na política educacional atual, na formação dos professores, nas técnicas e nos recursos usados para ensinar. Ressaltam que existem ainda outras causas, mas que nenhuma delas é capaz, por si só, de ser responsabilizada pelo fracasso e pelas dificuldades de aprendizagem.

Poderíamos apresentar inúmeros estudos sobre as possíveis causas do não aprender, mas o quadro pouco se alteraria. Para uma revisão mais detalhada, ver Patto (1988), Leite (1988), Moysés (2001), Osti (2004) e Sisto & Martinelli (2006).

No entanto, Charlot (2000) analisa o fracasso escolar de uma maneira bem interessante: em termos de relação com o saber. Nesse sentido, seu olhar volta-se para as situações particulares que, independentemente da posição que um sujeito ocupa em sua família e na sociedade, deve-se analisar a relação que ele estabelece com o mundo, consigo mesmo e com os outros.

Sem desconsiderar as concepções apresentadas anteriormente, porque elas podem implicar de fato em causas para o não aprender, a visão de Charlot traz uma análise que, embora não desconsidere os fatores intervenientes, aponta para situações particulares que devem ser analisadas do ponto de vista da criança em relação com o mundo.

Nesse sentido, a análise das situações particulares da criança leva a pensar na dimensão afetiva e na sua relação com os aspectos da inteligência. Neste capítulo embasaremos a análise na teoria psicogenética de Jean Piaget, buscando compreender esses aspectos em crianças com queixa de dificuldade de aprendizagem. Para tanto, apresentaremos a seguir como essa teoria compreende as dificuldades de aprendizagem.

AS DIFICULDADES DE APRENDIZAGEM SOB A ÓTICA PIAGETIANA

Piaget não estudou as dificuldades de aprendizagem. Sua indagação inicial era de como o sujeito passa de um nível de conhecimento para outro mais evoluído, ou seja, como ocorre a construção do conhecimento. Sua teoria, pela riqueza e pertinência na compreensão da criança, motivou pesquisas e compreensões sobre as dificuldades de aprendizagem.

Por meio de observações e de conversas com crianças, denominado de "método clínico", Piaget (1964/2001) sistematizou a evolução mental da criança, que em seus primórdios se caracteriza por uma total indiferenciação entre o *eu* e o *mundo* para uma diferenciação cada vez mais ampla, em direção a um equilíbrio final, que é representado pelo espírito adulto. O desenvolvimento estaria na dependência de um equilíbrio progressivo que implica numa passagem contínua de um estado de menor equilíbrio para um estado de equilíbrio melhor, portanto superior.

A diferenciação progressiva, segundo Piaget, ocorre por meio de quatro processos fundamentais de construção de categorias do real: noção de objeto, de espaço, de tempo e de causalidade. É justamente nos dois anos iniciais do desenvolvimento, graças à ação que a criança exerce sobre o mundo, que ela aos poucos vai se inserindo no espaço, no tempo e passa a perceber as relações causais entre os objetos.

Embasada nessa concepção, Ramozzi-Chiarottino (1984) explica que a organização das categorias do real é fundamental, sem ela as representações não serão adequadas. A sua hipótese para as crianças que não aprendem sem motivo aparente, ou seja, que não há explicação por meio de exames médicos, é a de que ocorreu uma construção inadequada do real e no processo de estabelecimento de relações deste com a representação. Nessa perspectiva, a origem do déficit estaria no estágio sensório-motor. Tal déficit impossibilitaria a criança de reconstruir o real no plano das representações, que em consequência não atingiriam o estágio das operações concretas. Pesquisas baseadas nessa hipótese puderam ser comprovadas por Oliveira (1989) e por Chiabai (1990).

Estudos realizados por Dolle & Bellano (1999), seguindo esse mesmo raciocínio, também confirmaram a hipótese anterior. Eles verificaram que muitas crianças que não aprendem não ultrapassaram o nível da estruturação do real e consequentemente não atingiram a reversibilidade, característica das operações concretas. De posse desses achados, adotaram uma terapia que consiste justamente em fazer as crianças agirem sobre e real com o intuito de reconstruí-lo. Os resultados revelaram que uma melhora no rendimento escolar não estava restrita à dimensão cognitiva, mas se desdobrava em todas as condutas. Em decorrência da não construção do real, as crianças teriam sentimentos de fracasso, de impotência levando a outros sentimentos, como rejeição, desgosto e até cólera. Afirmam que tais sentimentos não seriam a causa do fracasso, mas sim seus efeitos. Portanto, na visão de Dolle & Bellano, a terapia focada na construção do real envolveria os aspectos afetivos e cognitivos.

Zaia (1996) propôs uma intervenção psicopedagógica com crianças que apresentavam dificuldades de aprendizagem, cujo objetivo foi o desenvolvimento cognitivo, a estruturação do real e a resolução de problemas. As propostas de reeducação estavam sustentadas em Ramozzi-Chiarottino (1984), tendo as seguintes fases: estruturar o real no nível das representações; solicitar classificações e seriações para chegar às operações; solicitar explicações sobre o mundo físico, sobre os objetos anteriormente estruturados no nível da ação. A intervenção possibilitou às crianças passar da ação para a compreensão. Zaia mencionou que a resolução de problemas favorece o desenvolvimento da autoconfiança e da autoestima, portanto, dos aspectos afetivos, e provoca o aparecimento de relações de reciprocidade e respeito-mútuo nas interações.

Affonso (1998), seguindo essa mesma perspectiva, menciona que as crianças que não construíram as noções do real representam o mundo de forma caótica, o que leva a sentimentos de medo, de culpa e de ansiedade, e tais sentimentos presumiriam o "elo" entre a afetividade e a cognição. Em sua pesquisa com ludodiagnóstico, afirmou que as crianças com comprometimento nas noções de espaço, tempo e causalidade, portanto comprometimentos cognitivos, apresentam problemas afetivos graves e sua convicção é de que o "especificamente afetivo" tem relação íntima com o processo de cognição, embora admita que essa relação seja ainda nebulosa.

Como vimos, a teoria de Piaget permitiu o levantamento de hipóteses e consequentemente investigações no intuito de confirmá-la.

AFETIVIDADE E COGNIÇÃO NA TEORIA PIAGETIANA

Afetividade e inteligência têm sido compreendidas atualmente como dois aspectos inseparáveis. No entanto, quando se trata da capacidade ou incapacidade para aprender, depara-se com crenças que privilegiam um aspecto em detrimento de outro, como se a criança pudesse ser dividida em duas dimensões: afetiva e cognitiva. Pode-se dizer que é uma visão restrita que influencia na compreensão que se tem sobre a aprendizagem e sobre as dificuldades de aprendizagem. É preciso caminhar em busca de uma visão integrada da criança.

51

A teoria piagetiana permite uma análise interessante sobre essas dimensões ao considerar a afetividade e a inteligência como aspectos inseparáveis, irredutíveis e complementares. Além do mais, a teoria de Piaget em essência é psicogenética, em outras palavras, preconiza a construção de estruturas, e estas, como será apresentado, discutido e analisado, não se restringem aos aspectos da inteligência.

Vale lembrar que a análise desse estudo buscará relacionar aspectos da teoria de Piaget com alguns achados de uma pesquisa realizada com crianças com e sem queixa de dificuldade de aprendizagem (Dell'Agli, 2008). Primeiramente serão destacados pontos gerais da teoria para em seguida propor algumas reflexões.

Piaget (1954/1994) propõe um paralelismo entre o desenvolvimento afetivo e intelectual. Em sua visão esses aspectos não constituem duas realidades independentes, mas, ao contrário, se complementam em toda e qualquer atividade psíquica. Embora afirme a indissociabilidade, é taxativo ao afirmar que uma não modifica a outra e vice-versa. A afetividade é entendida como a energética da ação, e o funcionamento da inteligência estaria na dependência dela. Em termos mais específicos considera a afetividade como os sentimentos propriamente ditos, incluindo as emoções e as diversas tendências, em particular a vontade. As funções afetivas implicariam no interesse e na necessidade. A inteligência por sua vez corresponderia às percepções, à inteligência prática ou sensório-motora, indo até a inteligência abstrata, característica das operações formais. Assim, considera-as como sendo de natureza diferente.

Ao considerar as relações entre afetividade e inteligência, Piaget (1954/1994) analisa duas interpretações que são atuais no campo da Psicologia e no senso-comum. Elas consistem, por um lado, na concepção de que os afetos seriam os responsáveis pelo conhecimento e operações cognitivas originais, e, por outro, que eles poderiam intervir na inteligência, acelerando-a ou retardando-a. A primeira concepção é refutada por Piaget com a justificativa de que não há precedência de um sobre o outro, mas sim uma correspondência, um paralelismo e uma constante interação. Concorda e defende a segunda hipótese e exemplifica-a dizendo que um aluno estimulado em classe terá mais impulso para estudar e aprenderá com maior facilidade quando comparado àqueles que apresentam problemas em alguma disciplina específica. A causa do problema seria, para a maioria das crianças, um bloqueio afetivo, um sentimento de inferioridade especializado, que pode impedir, por exemplo, a compreensão das regras da adição, mas não modificam em nada tais regras.

As relações entre afetividade e inteligência são analisadas por Piaget (1954/1994) numa perspectiva genética que estabelece um paralelo entre as etapas do desenvolvimento cognitivo e as fases do desenvolvimento afetivo, como veremos a seguir.

CORRESPONDÊNCIA ENTRE DESENVOLVIMENTO AFETIVO E COGNITIVO

Para Piaget (1954/1994) as estruturas cognitivas e os sistemas afetivos se desenvolvem simultaneamente, como uma correspondência termo a termo. O desenvolvimento intelectual e o afetivo obedecem a seis estágios sucessivos, divididos em dois períodos. No campo cognitivo, o primeiro corresponde às condutas não socializadas, característico do período sensório-motor; e o segundo, às condutas socializadas correspondentes à inteligência verbal ou conceitual. No campo afetivo, o primeiro corresponde aos sentimentos intraindividuais característicos do período sensório-motor; e o segundo, aos sentimentos interindividuais que se referem às trocas afetivas entre pessoas, e como tal corresponde à inteligência verbal ou conceitual. Cada período é marcado por três estágios sucessivos que serão descritos resumidamente.

No período da inteligência sensório-motora e dos sentimentos intraindividuais tem-se o primeiro estágio: as montagens hereditárias, que são elementos de fundamental importância para o início do desenvolvimento. A inteligência se inicia pelos reflexos e pelos instintos elementares ligados à alimentação, enquanto que a vida afetiva se inicia com as tendências instintivas e com as emoções primárias. Os afetos característicos desse estágio surgem num contexto de indiferenciação, que implica na inexistência da consciência do *eu*, em que não há separação entre o mundo interior ou vivido, e a realidade exterior (Piaget & Inhelder, 1966/2001).

Os reflexos e os instintos, em interação constante com o meio, dão lugar às percepções e aos primeiros hábitos, constituindo o segundo estágio. Quanto à inteligência, aparecem os condicionamentos e as reações circulares[1] primárias e secundárias, além de ocorrer uma progressiva diferenciação das percepções em função dos objetos e das situações. No aspecto afetivo, surgem os afetos perceptivos ligados à atividade própria, que são os sentimentos de prazer, dor, agrado, desagrado, bem como os primeiros sentimentos de sucesso e de fracasso. Ocorre também a diferenciação das necessidades e dos interesses. Nesse estágio, ainda predomina a indiferenciação entre o *eu* e o *mundo exterior,* embora a diferenciação esteja aos poucos ocorrendo.

No terceiro estágio, a criança adquire novas conquistas. Piaget (1954/1994) destaca o aparecimento da inteligência sensório-motora propriamente dita, em que ocorre a diferenciação dos meios e dos fins, que vem acompanhada por

---

[1] Reações Circulares (RC) consistem em repetição ativa de um resultado interessante obtido por acaso. RC primárias são aquelas concernentes ao próprio corpo e as RC secundárias aos objetos do mundo exterior.

coordenações (regulações) deles. No campo afetivo ocorre também diferenciação, mas permanece ainda intraindividual. Há coordenações que se manifestam por interesses intencionais, ou seja, os objetos adquirem um interesse em relação a outros anteriormente valorizados. Inicia nesse estágio uma hierarquia de valores, todavia, instáveis. Finalmente há um começo de descentração da afetividade que se dirige para o outro, uma vez que ele se distingue do próprio corpo.

Piaget (1954/1994) passa a descrever e explicar o segundo período do desenvolvimento que se inicia aos 2 anos de idade aproximadamente e esse período se caracteriza pela aparição da linguagem e da representação.

Como já foi mencionado, Piaget subdivide o desenvolvimento afetivo em dois períodos, sendo o primeiro aquele que acabamos de descrever e que por sua vez é subdivido em três estágios cuja principal característica é a inteligência não socializada e os sentimentos intraindividuais. Da mesma forma faz com o segundo período, ou seja, subdivide-o em três estágios cuja característica essencial é a inteligência verbal e os sentimentos interindividuais. Passaremos a descrevê-los.

Seguindo a ordem estabelecida dos estágios, o quarto é o primeiro do segundo período, e a modificação fundamental da vida psicológica é o aparecimento da função simbólica que permite à criança evocar uma situação ausente por meio de um significante. Como exemplo, temos o jogo simbólico que se superpõe ao jogo de exercício do período anterior. Além disso, há o aparecimento da imagem mental que consiste numa representação interiorizada, e da linguagem, que se torna elemento principal da representação e permite a socialização do pensamento.

Piaget (1964/2001), demonstrando o paralelismo entre a inteligência e a afetividade, afirma que as transformações da ação advindas da socialização repercutem tanto na inteligência, no pensamento como na afetividade.

55

No campo afetivo, o aparecimento da representação e da linguagem permite maior estabilidade e duração dos sentimentos que se prolongam mesmo na ausência dos objetos que os suscitam. A linguagem, proporcionando a socialização do pensamento, permite também a dos sentimentos que se tornam interindividuais (afeições, simpatias e antipatias). Ao mesmo tempo, graças às relações entre adultos e crianças, surgem os sentimentos morais intuitivos e as regulações de interesses e valores.

Piaget (1954/1994) inicia sua discussão no campo afetivo pelos sentimentos de simpatia e antipatia, por serem a forma mais simples de sentimentos interindividuais. O sentimento de simpatia seria, segundo ele, um enriquecimento que cada interlocutor poderia tirar a partir das trocas intelectuais que se estabelecem entre ambos, como acontece na reciprocidade das atitudes e dos valores. As trocas que ocorriam no período anterior, ou seja, antes da representação, eram trocas que não traziam nenhuma recordação, e os sentimentos desapareciam tal como desapareciam as sensações. Diferentemente, no período da representação as satisfações experimentadas são duradouras e isso permite a existência de mais de uma lacuna, uma necessidade que no campo afetivo consiste num reconhecimento. Mas, esse reconhecimento afetivo não é ainda um sentimento normativo e não constitui uma reciprocidade total. Nesse estágio há reciprocidade de atitudes conduzida em sentido à conservação.

A comunicação entre a criança e seu ambiente levará ao desenvolvimento das simpatias e das antipatias. Haverá simpatia quando os interesses do sujeito são correspondidos pelas pessoas, ao mesmo tempo em que elas o valorizam. Isso implica numa valorização mútua, mas também numa escala de valores comum que possibilita as trocas. As antipatias, por sua vez, se estabelecem pela ausência de escalas de valores comuns (Piaget, 1964/2001).

Nesse estágio, aparecem também os sentimentos de autovalorização e os sentimentos de superioridade e de inferioridade. Os sentimentos de autovalorização consistem no julgamento superior ou inferior que o sujeito faz de si mesmo em relação ao próximo e que de alguma forma é uma réplica do esquema de simpatia a si próprio. Os sentimentos são mais duradouros e se formam os de superioridade ou de inferioridade, em cuja gênese estão os sentimentos de sucesso e de fracasso. Há também neste estágio os primeiros sentimentos morais, que são os sentimentos de obediência e de respeito, os quais, por não se generalizarem, não se conservarem e não se vincularem ao sentimento de autonomia, foram denominados de seminormativos.

Resumindo esse quarto estágio, vimos o início da representação no campo cognitivo que se caracteriza pelo aparecimento da imitação, do simbolismo e da linguagem, e o início dos sentimentos interindividuais no campo afetivo, que se caracterizam pelos sentimentos de simpatia e antipatia, de superioridade e inferioridade e pelos sentimentos seminormativos, incluindo neste último os sentimentos de obediência e de obrigação. A seguir, apresentaremos o quinto estágio proposto por Piaget.

O quinto estágio, que se inicia por volta dos 7, 8 anos de idade, se caracteriza pelas operações propriamente ditas, que consistem numa ação interiorizada e reversível, tanto nos aspectos cognitivos como nos aspectos afetivos. No primeiro caso, as operações se coordenam em sistemas fechados ou estruturas, como a classificação, a seriação e a conservação. No segundo, os valores que já se conservaram no estágio anterior vão constituir os sistemas coordenados e reversíveis (paralelos aos sistemas operatórios da inteligência) e se tornarão sentimentos morais ou afetos normativos regulados pela vontade. No estágio anterior, os afetos eram intuitivos, regulados pelos interesses ou valores do momento.

57

Piaget (1954/1994) passa a discutir o problema da vontade que introduz, de certa forma, a reversibilidade na vida afetiva e se constitui em um instrumento de conservação dos valores. No plano da inteligência ocorre o mesmo. A operação intelectual é uma ação sobre as ações. Outros sentimentos também aparecem neste quinto estágio: são os sentimentos autônomos que vão se sobrepor àqueles do estágio anterior. As crianças se tornam capazes de fazer avaliações morais próprias, de ter atos voluntários, decididos livremente, bem como de ter sentimentos morais conflitantes com os da moral heterônoma de obediência. Os sentimentos autônomos se organizam em um sistema de valores fixos e aparecem graças à reciprocidade, quando o respeito mútuo se torna forte.

Resumindo esse estágio, verificamos que ele se caracteriza pelo aparecimento da conservação dos sentimentos, que se expressam por meio da vontade ao introduzir a reversibilidade na vida afetiva, e também pelos sentimentos morais autônomos.

Piaget (1954/1994) nos apresenta então o sexto e último estágio, que se inicia a partir dos 11, 12 anos aproximadamente e que é característico das operações formais.

No plano intelectual, algumas transformações podem ser observadas. Uma delas é a capacidade de pensar sobre hipóteses e fazer deduções. Em consequência, as novas formas de operações não recaem apenas sobre a lógica das classes, mas sobre a lógica das proposições. Outra transformação consiste na dissociação entre o conteúdo e a forma do raciocínio. As operações que antes eram simples, atuando diretamente sobre os objetos ou classes de objetos, neste estágio vão se tornar operações de segunda potência, ou seja, operações de operações que possibilitam a reflexão em seu sentido estrito; em outras palavras, significa dizer pensar sobre si mesmo. Por fim, as operações formais são também combinatórias.

Para que o adolescente possa se inserir na sociedade adulta, é imprescindível o aparecimento do pensamento descrito anteriormente. Algumas características são notadas nessa inserção: o sentimento do adolescente de sentir-se igual ao adulto, tendo a tendência de imitá-lo e também de contradizê-lo; a intenção do trabalho dentro da vida social, que antes era apenas do domínio adulto e por fim tende a querer reformar a sociedade que o rodeia.

Segundo Piaget (1954/1994), para que isso ocorra é necessário o aspecto afetivo, manifestado pelos sentimentos morais, sociais e ideais, como também o aspecto cognitivo, pela possibilidade de olhar para o futuro, de elaborar ideias que não estão ligadas ao momento atual e nem à necessidade do momento.

Piaget (1954/1994) afirma que a personalidade é formada tendo como base tanto os aspectos afetivos como os aspectos da inteligência, e ressalta que a personalidade não tem a mesma conotação que consciência. Esta é considerada por ele como sendo a atividade própria do sujeito, centrada em si mesmo, enquanto que a personalidade se constitui a partir do momento em que há a inserção do sujeito na vida social. E isso só é possível quando ocorre um descentramento e uma subordinação ao ideal coletivo.

Encerramos a apresentação dos estágios do desenvolvimento intelectual e afetivo proposto por Piaget lembrando mais uma vez da coerência e da objetividade de seu pensamento, totalmente compatível com sua teoria.

Partindo para uma conclusão geral, Piaget (1954/1994) acrescenta que tanto no plano intelectual como no plano afetivo o desenvolvimento ocorre em busca de um equilíbrio progressivo, e que os conflitos existentes entre esses aspectos nada mais são do que conflitos entre os elementos dos diferentes níveis. Em outros termos, são conflitos entre uma operação mental e um sentimento de nível inferior, e nesse caso Piaget fala em regressão.

Defendendo ainda seu ponto de vista sobre o fato de a afetividade ter a função de acelerar ou retardar o desenvolvimento da inteligência, podendo perturbar seu funcionamento bem como modificar seus conteúdos, mas que não cria e nem modifica a sua estrutura, Piaget (1954/1994) afirma que há "estruturas afetivas" tal como há estruturas cognitivas, sendo aquelas isomorfas, sem, contudo, serem simétricas. Tais estruturas podem ser vistas nas escalas de interesses e valores que se organizam em série, nos sentimentos morais que consistem nas regras operatórias da afetividade e na vontade que é entendia como regulação de regulação, sendo esta análoga à operação reversível. Nestas, sim, Piaget (1954/1994) diz de uma intelectualização dos aspectos da conduta relacionados às pessoas, quando os valores se expressam em juízos de valor, uma vez que o valor consiste num produto de um sentimento projetado no objeto.

Pensando assim, Piaget (1954/1994) admite que isso pode levar à compreensão de dois aspectos dicotômicos, mas acentua que toda sua explicação leva à compreensão em um sentido oposto. A dicotomia aceita por ele não pode recair sobre a afetividade e a inteligência, mas sim na distinção existente entre as condutas que se referem às pessoas e às condutas que se referem aos objetos, pois em ambos os casos existe a dimensão afetiva, portanto, energética, e a dimensão estrutural, que se refere à inteligência. No caso das condutas que se voltam aos objetos, encontram-se no aspecto intelectual várias estruturas lógico-matemáticas, e no aspecto afetivo, energético, um conjunto de interesses, de esforços, de afetos intraindividuais e suas regulações, ao passo que nas condutas que se voltam às pessoas, o aspecto intelectual consiste na consciência das relações interindividuais, que vai culminar na construção de estruturas de valores, enquanto que o aspecto afetivo, energético, é formado pelos diversos afetos interindividuais.

A partir dessas ideias passaremos a abordar as relações entre afetividade e inteligência em crianças com e sem queixa de dificuldades de aprendizagem.

EM BUSCA DE RELAÇÕES

As ideias de Piaget conduziram-nos a um estudo empírico com crianças com e sem queixa de dificuldade, a fim de verificar se existem relações entre os aspectos afetivos e cognitivos da conduta. No entanto, a análise sobre eles pode ser ampliada, mesmo que se caracterizem em hipóteses a serem investigadas.

O estudo empírico consistiu em seis observações em uma sala de aula (N=30) do 4º ano do ensino fundamental de dois grupos de crianças, com e sem queixa de dificuldade de aprendizagem, segundo a percepção da professora responsável. No total foram observados doze escolares, sendo seis de cada grupo. Essas observações ocorreram durante as atividades escolares, ministradas pela professora, e lúdicas, por meio de jogos de regras. Além disso, a professora e a família foram entrevistadas com o intuito de coletar o maior número de informações sobre as crianças em seu ambiente escolar e familiar. Por fim, foram aplicadas as provas para exame operatório (Dell'Agli, 2008).

Após as observações, foi possível elaborar categorias de análise inspiradas em Ribeiro (2001), tanto para as atividades escolares quanto para as lúdicas. São elas: envolvimento, envolvimento parcial, não envolvimento; concentração, concentração parcial, dispersão; flexibilidade, flexibilidade parcial, rigidez; tolerância à frustração, pouca tolerância à frustração, não tolerância à frustração; cooperação, cooperação parcial e individualismo; tranquilidade, pouca tranquilidade e agitação.

Tais aspectos foram categorizados e posteriormente pontuados a fim de encontrar um perfil das crianças estudadas.

Atribuiu-se pontuação positiva (+) quando as condutas observadas nas atividades escolares e lúdicas denotavam aspectos afetivos positivos. Quando as características afetivas positivas se apresentavam de maneira parcial, foi atribuída pontuação intermediária (+/−) e pontuação negativa (−) quando denotavam ausência de afetos positivos. Essa pontuação permitiu montar um perfil das crianças: no Perfil A ficaram as que obtiveram pontuação positiva predominante; no Perfil B, as que obtiveram predominantemente pontuação intermediária; e no Perfil C, as que apresentaram predomínio de ausência de condutas positivas.

Os resultados revelaram que o grupo das crianças com queixa de dificuldade de aprendizagem apresentou predominantemente o Perfil C nas atividades escolares, e Perfil A nas atividades lúdicas, enquanto que o grupo sem queixa apresentou predominantemente o Perfil A em ambas as atividades. As características do primeiro grupo foram condutas afetivas pautadas no não envolvimento, rigidez, não tolerância à frustração, individualismo e agitação (ou em condutas parciais) nas atividades escolares, demonstrando a forma de interação que essas crianças têm com a aprendizagem dos conteúdos escolares. Condutas diferentes, melhor dizendo, condutas afetivas positivas foram observadas nas atividades lúdicas, revelando outro tipo de interação.

Essas informações nos levaram a compreendê-las sob o ponto de vista teórico. Buscando Piaget (1954/1994), analisamos a questão da afetividade como sendo a energética da ação que teria como função impulsioná-la. A energética é expressa em termos de interesse que seria o prolongamento das necessidades.

Refletindo nas condutas das crianças com queixa de dificuldade de aprendizagem, pode-se dizer que as atividades escolares não se constituíram em uma necessidade, porque se assim fosse mobilizariam suas energias internas para este fim.

É importante mencionar neste momento, para que possamos dar continuidade a nossas reflexões, que todas as crianças desse grupo encontravam-se no nível pré-operatório, avaliadas pelo exame operatório, e as crianças do grupo sem queixa encontravam-se no nível operatório concreto. E se estamos considerando que a afetividade e a inteligência possuem construções solidárias, paralelas e complementares, podemos dizer que as crianças com queixa não teriam condições de realizar a operação afetiva da vontade esperada para essa faixa de idade.

A vontade, para Piaget (1954/1994), aparece apenas no período operatório concreto e consiste numa regulação da energia que favorece certas tendências à custa de outras. Ele explica que diante de um conflito de tendências e intenções, ou seja, conflito entre uma tendência inferior, mas forte, representada pelo prazer desejado, e uma tendência superior, mas frágil, que seria o sentimento do dever, a vontade seria justamente fazer esta última prevalecer e isso só é possível quando da existência de uma descentração afetiva e da reversibilidade. A vontade, que é uma operação afetiva, lida com valores, ações e decisões.

Se para ocorrer essa operação afetiva (vontade) é necessário que o sujeito construa uma escala de valores, podemos nos perguntar sobre qual é o valor que essas crianças com queixa atribuem à aprendizagem escolar. Provavelmente não foram construídas relações satisfatórias, e nesse sentido essas atividades não são suficientes para prevalecer sobre os desejos momentâneos dessas crianças. Algumas situações podem ser destacadas: em várias delas, durante as atividades escolares, as crianças interrompiam as tarefas para se envolver com outros objetos ou situações do momento, relegando para segundo plano a tarefa que estava em prática.

Verificamos em Piaget (1964/2001) que no estágio pré-operatório há ação interiorizada, mas ainda não reversível e isso ocorre tanto no campo afetivo, quanto no campo da inteligência. Como destacamos, as crianças com queixa não atingiram o nível operatório concreto que lhes permitiriam fazer a "negociação" entre os desejos imediatos e momentâneos e o dever, a obrigação, subordinando o primeiro a uma escala de valores maior, que em nossa análise seria o valor (dever) da tarefa escolar. A vontade, nesse nível, se caracteriza por valores ainda instáveis que não se sustentam em uma escala de valores. As crianças sem queixa, por sua vez, já conseguiriam fazer tal operação. Apoiadas neste argumento, podemos sustentar a hipótese de Piaget de que há uma paralelismo entre os aspectos afetivos e cognitivos.

Voltando aos achados do perfil dos grupos, constatamos que nas atividades lúdicas as condutas são diferentes nas crianças com queixa: todas apresentaram Perfil A, em que há predominância de afetos positivos, e nesse sentido esse dado poderia ser contrário à ideia do paralelismo. No entanto, uma análise das tarefas, escolares e lúdicas, nos permite afirmar a existência dele. A manifestação da afetividade (energética) é diferente dependendo da atividade proposta. Nas atividades lúdicas, as expressões cognitivas estão relativamente desprovidas de pressões e tensões, o que facilita a livre expressão afetiva. Dell'Agli & Brenelli (2007) constataram que no jogo toda criança tem condições de jogar e joga de acordo com sua estrutura cognitiva.

Nas atividades escolares o mesmo não ocorre. Existe a preocupação com acertar e errar, dar a resposta certa a fim de ser bem-sucedida; no jogo essas questões são minimizadas, permitindo a manifestação livre das dimensões afetivas e cognitivas. Acreditamos que as diferenças encontradas em ambas as situações nas crianças com queixa estejam relacionadas mais à natureza da tarefa com todas as suas implicações, e não à ausência de paralelismo entre os aspectos afetivos e cognitivos.

Uma análise de como o educador tem proposto os conteúdos escolares merece ser feita. Ainda que seja um consenso entre eles de que as tarefas devam ser diversificadas devido à heterogeneidade dos alunos, em suas salas de aula adotam prioritariamente o ensino tradicional, em que as tarefas são as mesmas para todos, desconsiderando a fase de desenvolvimento em que as crianças se encontram – inclusive essa foi uma das constatações de nosso estudo. Nas tarefas escolares não foi observada conduta de perseverança e empenho nas crianças com queixa, diferentemente do que ocorreu nas atividades lúdicas. Uma informação sobre essas últimas devem ser mencionada: era permitido às crianças escolherem os jogos que quisessem. Ao perceberem que não estavam conseguindo jogar, podiam trocar de jogo, e assim suas condutas se modificavam. Essa troca não era permitida nas tarefas escolares. As atividades diferenciadas de fato proporcionam maior envolvimento por levar em conta o nível de desenvolvimento e os interesses particulares da criança.

Gostaríamos ainda de fazer uma análise teórica sem qualquer comprovação empírica no estudo mencionado, mas ao nos embasar na teoria de Piaget aceitamos que os aspectos afetivos e cognitivos são construídos ao longo do desenvolvimento, portanto, há uma gênese.

Nas entrevistas com a família e com a professora tivemos a informação de que as crianças com queixa apresentavam dificuldades desde a educação infantil, e todas foram encaminhadas para reforço escolar ou para especialistas a fim de obter um diagnóstico. Essas informações nos permitem inferir que as crianças com queixa, durante a sua vida escolar, estabeleceram trocas insatisfatórias com a aprendizagem, justificando em parte o desinteresse, a falta de envolvimento e outras condutas observadas.

Piaget (1954/1994) nos diz que um complexo afetivo é um esquema elaborado ao longo da história individual do sujeito e é aplicado a uma gama de situações. Desde o período sensório-motor, aparecem sentimentos de sucesso e fracasso relacionados às próprias ações do sujeito, sendo eles a base de outros que aparecem no período posterior, entre os quais os de autovalorização. E por serem duradouros, constituem os sentimentos de inferioridade e de superioridade. A história escolar dessas crianças, não estaria permeada de situações de fracasso e sentimentos de inferioridade? Os dados e nossa experiência com a queixa escolar corroboram com essa hipótese. Nesse sentido, podemos dizer que a maneira de se relacionar com as atividades escolares seria inclusive uma forma de proteção do *eu*, portanto, positiva. Pois, se fosse diferente, poderia se desintegrar tamanho o sentimento de frustração vivenciado cotidianamente na escola.

Pensar em termos genéticos amplia a responsabilidade dos educadores, entendendo por educadores pais, professores e especialistas, que em suas ações devem procurar maneiras eficazes de prevenção e atuação. Muitos atribuem as causas do fracasso escolar às peculiaridades da criança, de sua vida familiar – que muitas vezes é desfavorável, gerando bloqueio na aprendizagem –, de seu meio sociocultural, entre outros. No entanto, estaríamos sendo simplistas e reducionistas e podemos afirmar com toda certeza que as dificuldades de aprendizagem, por si só, geram vários problemas afetivos, sendo eles desestruturantes para a constituição do sujeito.

A tentativa de entender as relações entre afetividade e inteligência em crianças com queixa de dificuldade nos levou a ampliar nossa concepção e concordar com Piaget: nenhum desses aspectos pode explicar o outro porque são complementares, paralelos e indissociáveis; o mais importante em nossa visão é que são construídos ao longo da vida individual, e nesse sentido devemos nos preocupar com a qualidade dessa construção, sem a queixa evasiva de que um ou outro aspecto seja o fator causal determinante.

Mudar todo o contingente de vida desfavorável das crianças que não aprendem seria uma missão meramente impossível, mas modificar a prática pedagógica seria viável, pois forneceria aos alunos a possibilidade de interações que levam ao objetivo maior da educação: a autonomia.

REFERÊNCIAS BIBLIOGRÁFICAS

ALMEIDA, Sandra Francesca Conte de. O lugar da afetividade na relação ensinar-aprender. *Temas em Psicologia*, São Paulo, n. 1, pp. 229-249, 1993.

AFFONSO, Rosa Maria Lopes. *Ludodiagnóstico*: a teoria de J. Piaget em entrevistas lúdicas para diagnóstico infantil. Taubaté: Cabral, 1998.

BARTHOLOMEU, Daniel; SISTO, Fermino Fernandes; MARIN RUEDA, Fabián Javier. Dificuldades de aprendizagem na escrita e características emocionais de crianças. *Psicologia em Estudo*, Maringá, vol. 11, n. 1, pp. 139-146, 2006.

BAZI, Gisele A. do Patrocínio. *As dificuldades de aprendizagem na escrita e suas relações com traços de personalidade e emoções*. Campinas, Unicamp, Faculdade de Educação, 2003. (Tese de Doutorado.)

BORGES, Luíza Aparecida; LOUREIRO, Sonia Regina. O desenho da família como instrumento da avaliação clínica de um grupo de crianças encaminhadas para atendimento psicopedagógico. *Arquivos Brasileiros de Psicologia*, Rio de Janeiro, vol. 42, n. 3, pp. 106-114, 1990.

CHARLOT, Bernard. *Da relação com o aprender*: elementos para uma teoria. Porto Alegre: Artmed, 2000.

CHIABAI, I. M. *A influência do meio rural no processo de cognição de crianças da pré-escola*: uma interpretação fundamentada na teoria do conhecimento de Jean Piaget. São Paulo, USP, Instituto de Psicologia, 1990. (Tese de Doutorado.)

CIASCA, Sylvia Maria. Distúrbios e dificuldades de aprendizagem: questão de nomenclatura. In: _____. (org.). *Distúrbios de aprendizagem*: proposta de avaliação interdisciplinar. São Paulo: Casa do Psicólogo, 2003. pp. 19-31.

CORRÊA, Rosa Maria. *Dificuldades no aprender*: um outro modo de olhar. Campinas: Mercado de Letras, 2001.

DELL'AGLI, Betânia Alves Veiga. *Aspectos afetivos e cognitivos da conduta em crianças com e sem queixa de dificuldade de aprendizagem*. Campinas, Unicamp, Faculdade de Educação, 2008. (Tese de Doutorado.)

_____; BRENELLI, R. P. O jogo "Descubra o animal": um recurso no diagnóstico psicopedagógico. *Psicologia em Estudo*, Maringá, vol. 12, n. 3, pp. 563-572, 2007.

DOLLE, Jean-Marie; BELLANO, Denis. *Essas crianças que não aprendem*: diagnóstico e terapias cognitivas. Petrópolis: Vozes, 1999.

DSM-IV-TR. *Manual diagnóstico e estatístico de transtornos mentais*. Tradução: Cláudia Dornelles. 4. ed. rev. Porto Alegre: Artmed, 2002.

FONSECA, Vitor da. *Introdução às dificuldades de aprendizagem*. Porto Alegre: Artmed, 1995.

JACOB, Adriana Vilela; LOUREIRO, Sonia Regina; MARTURANO, Edna Maria; LINHARES, Maria Beatriz Martins; MACHADO, Vera Lucia Sobral. Aspectos afetivos e o desempenho acadêmico de escolares. *Psicologia: Teoria e Pesquisa*, Brasília, vol. 15, n. 2, pp. 153-162, maio/ago. 1999.

LEITE, Sérgio Antônio da Silva. O fracasso escolar no ensino de Primeiro Grau. *Revista Brasileira de Estudos Pedagógicos*, Brasília, vol. 69, n. 163, pp. 510-540, 1988.

MOYSÉS, Maria Aparecida Affonso. *A institucionalização invisível*: crianças que não-aprendem-na-escola. Campinas/São Paulo: Mercado de Letras/Fapesp, 2001.

OHLWEILER, Lygia. Fisiologia e neuroquímica da aprendizagem. In: ROTTA, Newra Tellechea; OHLWEILER, Lygia; RIESGO, Rudimar dos Santos (orgs.). *Transtornos da aprendizagem*: abordagem neurobiológica e multidisciplinar. Porto Alegre: Artmed, 2006. pp. 43-57.

OLIVEIRA, Vera Maria Barros de. *Um estudo sobre a formação e a utilização do símbolo pelo ser humano, com enfoque na brincadeira da criança de creche*. São Paulo, USP, Instituto de Psicologia, 1989. (Tese de Doutorado.)

OSTI, Andreia. *As dificuldades de aprendizagem na concepção do professor.* Campinas, Unicamp, Faculdade de Educação, 2004. (Dissertação de Mestrado.)

PATTO, Maria Helena Souza. O fracasso escolar como objeto de estudo: anotações sobre as características de um discurso. *Cadernos de Pesquisa,* São Paulo, vol. 65, pp. 72-77, 1988.

PIAGET, Jean. Las relaciones entre la inteligencia y la afectividad en el desarrollo del niño. In: DALAHANTY, Guillermo; PERRÉS, J. (orgs.). *J. Piaget y el psicoanálisis.* Mexico: Universidad Autónoma Metropolitana, 1954/1994.

_____. *Seis estudos de psicologia.* 24. ed. Rio de Janeiro: Forense Universitária, 1964/2001.

_____; INHELDER, Barbel. *Psicologia da criança.* 17. ed. Rio de Janeiro: Bertrand Brasil, 1966/2001.

RAMOZZI-CHIAROTTINO, Zélia. *Em busca do sentido da obra de Jean Piaget.* São Paulo: Ática, 1984.

RIBEIRO, Marilda Pierro de Oliveira. *Funcionamento cognitivo de crianças com queixas de aprendizagem*: jogando e aprendendo a jogar. São Paulo, USP, Instituto de Psicologia, 2001. (Tese de Doutorado.)

ROTTA, Newra Tellechea. Dificuldades para a aprendizagem. In: _____; OHLWEILER, Lygia; RIESGO, Rudimar dos Santos (orgs.). *Transtornos da aprendizagem*: abordagem neurobiológica e multidisciplinar. Porto Alegre: Artmed, 2006. pp. 113-123.

SANTOS, Acácia Aparecida Angeli; MARIN RUEDA, Fabián Javier; BARTHOLOMEU, Daniel. Avaliação dos aspectos afetivos envolvidos nas dificuldades de aprendizagem. In: SISTO, Fermino Fernandes; MARTINELLI, Selma de Cássia (orgs.). *Afetividade e dificuldades de aprendizagem*: uma abordagem psicopedagógica. São Paulo: Vetor, 2006. pp. 93-110.

SISTO, Fermino Fernandes. Dificuldades de aprendizagem. In: _____ et al. (orgs.). *Dificuldades de aprendizagem no contexto psicopedagógico.* Petrópolis: Vozes, 2001. pp. 19-39.

_____; MARTINELLI, Selma de Cássia. O papel das relações sociais na compreensão do fracasso escolar e das dificuldades de aprendizagem. In: _____ (orgs.). *Afetividade e dificuldades de aprendizagem*: uma abordagem psicopedagógica. São Paulo: Vetor, 2006. pp. 13-30.

ZAIA, Lia Leme. O processo de solicitação do meio na intervenção psicopedagógica: um estudo de caso. In: ASSIS, Orly Zucatto Mantovani de et al. (orgs.). *Anais do IV Simpósio Internacional de Epistemologia Genética e XIII Encontro Nacional de Professores do PROEPRE – Piaget: teoria e pesquisa*. Campinas: Tecnicópias, 1996. pp. 207-217.

3. Reflexões sobre a aquisição bilíngue

*Elizabete Villibor Flory**

INTRODUÇÃO: BILINGUISMO

A valorização do falar outras línguas além da materna num mundo globalizado e a facilidade cada vez maior do encontro entre culturas fazem com que o bilinguismo infantil seja um tema de pesquisa cada vez mais relevante em nosso mundo atual. Quais as consequências do crescer bilíngue no desenvolvimento infantil? Antigamente, pesquisas acerca das consequências do bilinguismo infantil sobre o desenvolvimento cognitivo apontavam desvantagens para crianças bilíngues, quando comparadas a pares monolíngues. Porém, tais pesquisas sofriam de sérios problemas metodológicos, sobretudo referentes ao controle inadequado ou inexistente de variáveis poluidoras, como nível socioeconômico e proficiência da criança na língua em que os testes foram conduzidos. A partir de um estudo canadense, realizado por Peal & Lambert no início da década de 1960 (Baker & Prys-Jones, 1998; Bialystok, 2001/2006[1]), esse direcionamento inverteu-se, de

---

* Doutora em Psicologia Escolar pela USP (tema: bilinguismo e desenvolvimento infantil). Mestre em Psicologia Social e graduada em Psicologia pela USP. Psicóloga clínica.
[1] As citações feitas no texto, assim como as referências bibliográficas a seguir, indicam, quando pertinente, o ano da edição original/ano da edição consultada, pois consideramos importante para o leitor a informação sobre o ano em que obra foi originalmente escrita. As páginas citadas referem-se à edição consultada.

modo que, atualmente, há muitas pesquisas apontando para as vantagens do crescer bilíngue.

Segundo Baker & Prys-Jones (1998), na pesquisa de Peal & Lambert, foram comparados bilíngues balanceados e monolíngues de 10 anos de idade, em seis contextos socioculturais diferentes. Os bilíngues balanceados apresentaram pontuação significativamente maior em quinze dos dezoito testes de QI utilizados e, nos outros três, o efeito foi neutro. Contudo, é necessária cautela na interpretação de tais resultados, uma vez que críticas metodológicas também são pertinentes nesse caso. Por exemplo, Baker & Prys-Jones comentam o fato de os resultados se referirem somente a bilíngues balanceados com boa proficiência nas duas línguas (não podendo ser generalizados para outros tipos de bilinguismo), além de salientarem a necessidade de se diferenciar entre o nível socioeconômico e o nível sociocultural.

Nesse ponto, é importante esclarecer que, ao falarmos em bilinguismo, não estamos lidando com um conceito consensual. Ou seja, não existe um único tipo de bilinguismo. É possível encontrarmos na literatura definições bastante diferentes entre si, até mesmo contraditórias. Por exemplo, segundo Bloomfield, (1933, apud Milroy & Muysken, 1995) o bilinguismo envolveria o domínio igual ao de um nativo para as duas línguas. Grosjean (1982), a partir de uma perspectiva que consideramos mais compatível com as observações empíricas e pesquisas atuais, afirma que os bilíngues têm uma configuração única e específica, não se tratando de dois monolíngues completos ou incompletos. Wei (2000, p. 7), em obra que reúne artigos considerados referências no estudo do bilinguismo em diferentes campos, define:

> A palavra "bilíngue" primariamente descreve alguém que possua duas línguas. Porém, esse termo também pode incluir muitas pessoas no mundo que tenham níveis de proficiência variados

em duas, três ou mais línguas simultaneamente, e que as usam de modo alternado (tradução nossa).

Em concordância com vários estudiosos (Bialystok, 2001/2006; Hamers & Blanc, 1983/2003; Wei, 2000), consideramos fundamental a diferenciação entre tipos de bilinguismo, de acordo com critérios específicos.[2] Por exemplo, de acordo com o critério "idade de aquisição da segunda língua", podemos diferenciar entre o bilinguismo precoce – quando a aquisição da segunda língua ocorre na primeira infância –, ou o bilinguismo tardio – quando a aquisição/ aprendizagem da segunda língua acontece na idade adulta. De acordo com o critério "manutenção da língua materna", podemos diferenciar entre o bilinguismo aditivo – quando a segunda língua é adquirida e a língua materna é mantida –, e o bilinguismo subtrativo – quando, ao adquirir a segunda língua, perde-se a proficiência na língua materna. Ou ainda, de acordo com o critério "proficiência nas línguas em questão", podemos diferenciar entre o bilinguismo balanceado – no qual a proficiência é semelhante nas duas línguas –, o bilinguismo dominante – no qual a proficiência numa das línguas é bem melhor do que na outra – e o bilinguismo funcional – no qual a proficiência em uma das línguas é funcional.

Por que é importante diferenciar entre os tipos de bilinguismo? Como exemplo da importância dessa diferenciação, retomamos um dos pontos mencionados por Baker & Prys-Jones (1998) ao relativizarem os resultados da pesquisa de Peal & Lambert: tais resultados referem-se somente a bilíngues balanceados, com boa proficiência nas duas línguas. Ou seja, nada nos autoriza a afirmar que eles seriam válidos também para outros tipos de bilinguismo, como o Dominante e o Funcional, mencionados acima.

---

[2] Para saber mais sobre definições de bilinguismo, ver Flory & Souza (2009).

BILINGUISMO E AQUISIÇÃO DA LINGUAGEM VERBAL

É importante acrescentar que, ao buscarmos influências do bilinguismo infantil sobre o desenvolvimento da criança,[3] é necessário considerarmos aspectos como, por exemplo:

1. o tipo de bilinguismo pesquisado;

2. qual é a habilidade ou capacidade avaliada, e por meio de que tipo de tarefa ou de que procedimento;

3. a valorização das línguas e culturas em questão;

4. a proficiência dos sujeitos em cada uma das línguas envolvidas.

Nesse contexto, nosso foco neste capítulo refere-se à aquisição da linguagem. Trabalharemos brevemente os seguintes questionamentos:

1. O bilinguismo infantil estaria relacionado a uma confusão entre as línguas em questão?

2. A aquisição da linguagem seria prejudicada pelo bilinguismo infantil?

3. A aquisição de conceitos lógicos seria prejudicada pelo bilinguismo infantil?

4. O bilinguismo infantil deveria ser evitado em alguns casos?

---

[3] Para saber mais sobre influências do bilinguismo precoce no desenvolvimento infantil, ver Flory (2009).

O bilinguismo infantil estaria relacionado a uma confusão entre as línguas em questão?

A mudança de código ou *code-switching* é definida como o "uso alternado de duas línguas em uma mesma enunciação ou conversação" (Grosjean, 1982, apud Mello, 1999, pp. 85-86). Por exemplo, quando uma criança diz "I want a *garfo*". Antigamente pensava-se que a mudança de código, típica da aquisição bilíngue, fosse consequência de uma confusão ou de uma mistura entre as línguas, implicando uma indiferenciação entre os sistemas linguísticos. A hipótese era a de que haveria um sistema linguístico único, no qual as duas línguas estariam misturadas entre si. Hoje em dia, sabe-se que desde muito cedo as crianças diferenciam entre as línguas (Genesee, Nicoladis & Paradis, 1995; Meisel, 1989/2006; Meisel, 2007), reportando-se a cada interlocutor preferencialmente na língua materna dele.

Por exemplo, Genesee, Nicoladis & Paradis (1995), pesquisadores de referência na área, após reflexões acerca da literatura já existente (Genesee, 1989/2006), conduziram um estudo de caso com cinco crianças bilíngues precoces inglês-francês, com idade média de 1 ano e 11 meses, em cuja família um dos pais sempre falava apenas uma língua com a criança, e o outro utilizava sempre a segunda língua. As crianças foram observadas com cada um dos pais, separadamente, interagindo com a criança na língua em que sempre fala com ela; com ambos os pais ao mesmo tempo, e com um estranho monolíngue inglês.

A análise dos resultados permite concluir que as crianças sabiam diferenciar as línguas e que a habilidade de separar línguas é uma resposta adaptativa ao contexto em que vivem. Além disso, encontrou-se evidência da relação entre a mistura de códigos feita pela criança e a língua dominante da mesma.

Mello (1999), em pesquisa brasileira sobre mudança de código, apresenta estudo de caso sobre o que chamou de "falar bilíngue". Ela analisou o discurso espontâneo de duas crianças bilíngues precoces inglês-português. As observações foram feitas com uma das crianças entre 4 anos e 6 meses até 6 anos e 4 meses, e com a outra, entre 2 anos e 2 anos e 4 meses. Mello (1999) concluiu que a mudança de código, diferente de significar pouca proficiência em uma das línguas ou uma escolha aleatória entre línguas, configurou-se numa estratégia linguística significativa, bem utilizada pelos bilíngues em sua comunicação. Por exemplo, para deixar claro no discurso que ela relata o que uma terceira pessoa falou, ela faz a seguinte construção: "Meu pai disse *do not step on the grass!*".

Além disso, não é comum que as crianças produzam frases agramaticais, mostrando respeitar as regras gramaticais de cada língua. Segundo Mello (1999, pp. 170-171), a mudança de código não se trata de um fenômeno agramatical, desprovido de estrutura lógica. Refere-se à mudança feita "com base em um conjunto de regras (relativas aos sistemas linguísticos envolvidos) previamente adquiridas para comunicar, de forma pragmática, o sentido que deseja dar às suas palavras".

Meisel (1989/2006, p. 368), ao final de pesquisas rigorosamente elaboradas e conduzidas, conclui:

> Os bilíngues são capazes de diferenciar os sistemas gramaticais; a fusão não é necessariamente uma característica do desenvolvimento linguístico bilíngue, mas a mistura pode ocorrer até que a mudança de código esteja firmemente estabelecida como uma estratégia de competência bilíngue pragmática (tradução nossa).

Nesse contexto, Meisel define a que se refere por meio de cada um dos seguintes termos. A "fusão" (*fusion*) diz respeito à indiferenciação entre os sistemas gramaticais. A "mistura" (*mixing*) ocorreria em situações em que o indivíduo quer ou precisa expressar uma palavra ou expressão não imediatamente acessível na outra língua. A "mudança de código" (*code-switching*) diz respeito à habilidade específica da competência pragmática bilíngue.

Assim, de maneira geral, os estudos mostram que é natural, durante a fase de aquisição bilíngue, que a criança alterne entre as línguas, use palavras de uma língua na estrutura gramatical de outra, ou mesmo que construa palavras mistas. Inicialmente é comum que a mudança de código aconteça em decorrência de uma proficiência ainda em construção. Ou seja, a criança que não sabe como se fala garfo em inglês, dizer a frase "I want a *garfo*". Com o passar do tempo, a proficiência nas línguas vai se aprimorando, e a mudança de código passa a acontecer em casos em que o falante deseja transmitir alguma mensagem específica, muitas vezes não intencional, aos seus interlocutores, e não necessariamente em decorrência da falta de conhecimento específico em uma das línguas.

A aquisição da linguagem seria prejudicada pelo bilinguismo infantil?

Meisel (2007), em pesquisa sobre a aquisição da segunda língua em casos de bilinguismo dominante, sumariza o que se sabe hoje sobre a aquisição bilíngue. O pesquisador parte de resultados já confirmados por pesquisas anteriores acerca de bilinguismo balanceado com boa proficiência. Apresenta brevemente tais resultados, afirmando que a aquisição simultânea é igual à aquisição de várias línguas maternas (ou L1), que os sistemas linguísticos são diferenciados desde o início, o desenvolvimento gramatical procede como em monolíngues, a capacidade gramatical em cada língua é idêntica à de pares monolíngues e que o multilinguismo é viável dentro da capacidade humana para línguas. Salienta, porém, que isso não significa dizer que toda criança será bem-sucedida nesse processo (Meisel, 2007).

Ao final da citada pesquisa, conclui que a aquisição da língua mais fraca de um bilíngue dominante pode ser mais lenta, mas não necessariamente será como a aquisição de uma segunda língua, contrariando o que era assinalado por pesquisas anteriores. Ou seja, mesmo crianças que têm uma das línguas bem melhor desenvolvida do que a outra podem desenvolver as duas segundo padrões de língua materna. Grifa que tais conclusões não excluem a possibilidade de falha na aquisição, mas mostram que ela não é necessária. Outra conclusão interessante a que chega é que tais crianças tinham o conhecimento da L2, e o usavam ao mesmo tempo em que também usavam construções desviantes. O problema estaria no uso desse conhecimento na prática.

Baker & Prys-Jones (1998) relatam, ao exporem os resultados das experiências de imersão no Canadá, que as crianças anglófonas que tiveram toda a sua escolarização em escolas de imersão em francês, no final do ensino fundamental tinham alcançado alta proficiência e fluência no francês (L2), sendo que seus conhecimentos nas habilidades passivas (leitura e compreensão) eram semelhantes ao de um falante nativo. Em relação ao inglês (L1), os bilíngues em questão ou estavam equiparados aos monolíngues ou os superavam, mostrando benefícios alcançados em relação à língua materna. Tais resultados são convergentes com os apresentados por Lambert & Tucker (1973), pesquisadores responsáveis pela condução de uma experiência pioneira de imersão no Canadá.

A aquisição de conceitos lógicos seria prejudicada pelo bilinguismo infantil?

Buscando responder a tal questão e tendo como referência a visão piagetiana das relações entre linguagem e pensamento, Keats & Keats (1974) desenvolveram uma pesquisa com o objetivo de determinar se conceitos lógicos adquiridos por crianças bilíngues em uma língua poderiam ser transferidos para a segunda língua. Sua hipótese era a de que, se essa transferência fosse relativamente completa, então os conceitos podem ser considerados independentes da língua em que foram adquiridos.

O estudo contou com 100 crianças entre 4 e 7 anos de idade. Entre elas, 35 eram bilíngues polonês-inglês, 31 eram bilíngues alemão-inglês e 34 eram monolíngues inglês. Nenhum dos sujeitos tinha conservação de peso[4] e todos sabiam contar até dez em uma de suas línguas. Foram controladas as variáveis idade, sexo, *status* socioeconômico, frequentar escola ou pré-escola, nível de escolarização e localização da moradia.

Acerca dos procedimentos, Keats & Keats (1974) explicam que houve um pré-teste, no qual cada sujeito foi submetido ao Peabody Picture Vocabulary Test (PPVT), forma A (polonês ou alemão) ou forma B (inglês). Também passaram pelo Teste de Contagem (Counting Test), um dos testes de Binet, bem como por tarefas (provas piagetianas) para observar a presença dos conceitos de conservação de número, peso e volume, quantidades descontínuas, e do conceito de inclusão de classes.

---

[4] Uma das prova piagetianas referentes à passagem do pensamento pré-operatório para o operatório concreto. Na prova de conservação de peso, a criança deve julgar se duas bolas de massinha, inicialmente iguais em formato e peso, continuam a ter o mesmo peso, mesmo após uma delas ter sido alterada em seu formato (por exemplo, de "bolinha" para "pizza" ou para "salsicha").

Na fase de treinamento, o PPVT e o Teste de Contagem foram aplicados novamente, na outra forma e na outra língua. O treinamento era conduzido em língua diferente da utilizada no pré-teste. Esse treinamento se refere a toda uma sequência de situações nas quais o sujeito é defrontado com configurações específicas e questionamentos pertinentes a elas, tendo a noção de conservação de peso como objeto de reflexão.

O pós-teste imediato era igual ao pré-teste e conduzido na mesma língua deste, imediatamente após o treinamento. Um mês depois, foi feito um novo pós-teste, que tinha o mesmo conteúdo do pré-teste, mas foi administrado nas duas línguas.

Os resultados mostram, em primeiro lugar, que o treinamento foi efetivo. Keats & Keats (1974, pp. 96-97) resumem os principais resultados da seguinte forma:

> A principal descoberta foi provavelmente a de que a língua do treinamento não foi um fator significativo para a aquisição desses conceitos. Ambos os grupos de crianças bilíngues adquiriram o conceito, quer tenham sido treinados em inglês ou em sua outra língua e, quando testadas na segunda língua, estavam aptas a dar a resposta correta e explicações melhores. Além disso, o efeito do treinamento generalizou-se para outros conceitos diferentes do peso. Essa descoberta pode ser considerada como suporte à ideia de que o conceito e a língua no qual ele é expresso podem ser considerados independentes, sendo, consequentemente, consistente com a posição piagetiana (tradução nossa).

Assim, além de confirmar a perspectiva piagetiana, o estudo em questão mostra que o bilinguismo não prejudicou a aquisição de conceitos lógicos, e que um conceito, uma vez construído, pode ser expresso nas diferentes línguas faladas pela criança (ou seja, ele não precisa ser construído duas vezes, uma em cada língua). Nas palavras de Katschan (1986, p. 675):

> Qualquer receio de que os bilíngues se atrasem na formação de conceitos foi dissipado por Keats & Keats (1974) e Keats, Keats & Fan (1982), que testaram crianças bilíngues polonês-inglês, alemão-inglês, chinês-inglês e malês-inglês e descobriram que os conceitos lógicos adquiridos em uma língua podiam ser transferidos para a outra (tradução nossa).

O bilinguismo infantil deveria ser evitado em alguns casos?

Genesee (2004, p. 566), ao escrever sobre educação bilíngue para crianças de língua majoritária, resume a questão das relações entre bilinguismo e problemas de desenvolvimento da seguinte forma:

> Estudantes em risco na educação bilíngue geralmente apresentam *performance* pior do que estudantes do mesmo programa que não estão em risco, mas seu progresso não é diferencialmente impedido em comparação com estudantes em risco em programas monolíngues em L1. Ao mesmo tempo, pesquisas mostraram que estudantes em risco podem se beneficiar da educação bilíngue ao adquirir níveis avançados de proficiência funcional em L2. Falando praticamente, as evidências disponíveis não justificam a exclusão arbitrária de estudantes que estão em risco dos programas bilíngues com base no princípio de que seriam incapazes de se beneficiar da instrução acadêmica por meio de uma L2, ou de que eles seriam prejudicados no desenvolvimento de L1 como resultado de tal instrução (tradução nossa).

Vale acrescentar que Genesee usa o termo "estudantes em risco", nesse texto, referindo-se a crianças com baixa *performance* acadêmica, nível socioeconômico baixo, habilidade empobrecida na primeira língua e *status* de grupo étnico minoritário. Genesee (2004) esclarece que não há pesquisas publicadas sobre alunos com distúrbios sensório-perceptuais, cognitivos ou socioafetivos severos, ressaltando a necessidade de pesquisas na área.

Importante ressaltar que Genesee (2004) refere-se marcadamente, já no título do texto, ao ensino bilíngue destinado a crianças de língua majoritária. Por exemplo, crianças brasileiras que estudem em escola de imersão em inglês. Tais crianças falam a língua majoritária do país em sua vida em geral, e, na escola, utilizam uma segunda língua. Ao delimitar esse tipo de bilinguismo, Genesee (2004) mostra considerar que tais conclusões podem não se aplicar a outros quadros, como aquele referente a crianças falantes de línguas minoritárias.

Pensamos que isso se relacione ao fato de, ao falarmos em crianças de grupos minoritários, termos de lidar com uma gama muito grande de situações específicas, envolvendo inúmeras variáveis, como condições de imigração, idade da criança quando chegou ao país que acolheu a família, nível socioeconômico, nível cultural, valor atribuído às culturas e línguas envolvidas pelo indivíduo, por sua família, pelo país que os recebeu e pela sociedade em que vivem.

A esse respeito, Hamers & Blanc (1983/2003) explicam que a confusão entre bilinguismo e a socialização em grupos minoritários levou à conclusão errônea de que o bilinguismo levaria a desordens de personalidade. Segundo eles (p. 212):

> não há provas de que exista um vínculo causal entre bilingualidade e angústia e insegurança. Pelo contrário, vários estudos [...] indicam que, para estudantes de classes minoritárias, vários fatores socioculturais, sociopsicológicos diferentes da

língua combinam-se uns aos outros e são causas de angústia (tradução nossa).

No mesmo sentido, com foco na relação entre bilinguismo infantil e desenvolvimento cognitivo, Hamers & Blanc (1983/2003, p. 29) apontam:

se as duas línguas forem suficientemente valorizadas, o desenvolvimento cognitivo da criança derivará um benefício máximo da experiência bilíngue, que atuará como uma estimulação enriquecida levando a uma maior flexibilidade cognitiva em comparação com os pares monolíngues. Por outro lado, se o contexto sociocultural é tal que a língua materna seja desvalorizada no ambiente que circunda a criança, seu desenvolvimento cognitivo pode ficar atrasado em comparação com seus pares monolíngues (tradução nossa).

Importante ressaltar que, na citação acima, Hamers & Blanc afirma que determinado contexto sociocultural pode levar a determinado resultado, mas não que leva necessariamente a esse resultado. O primeiro caso apontado por eles (as duas línguas suficientemente valorizadas) refere-se ao bilinguismo aditivo, enquanto o segundo caso (contexto sociocultural que desvalorize a língua materna) refere-se ao bilinguismo subtrativo.

Portanto, a partir de levantamento de pesquisas, concluiu-se que a aquisição da linguagem em geral e a formação de conceitos em particular não são prejudicadas pelo bilinguismo infantil. Entretanto, o contexto sociocultural no qual a criança se desenvolve e a valorização atribuída às línguas em questão influenciam marcadamente o desenvolvimento (psicológico, cognitivo e linguístico) da criança, e não devem ser confundidos com o bilinguismo em si.

REFLEXÃO A PARTIR DA PERSPECTIVA PIAGETIANA SOBRE AQUISIÇÃO DA LINGUAGEM VERBAL: QUESTÕES NORTEADORAS

Assim, propomos uma reflexão acerca das conclusões acima a partir da perspectiva piagetiana sobre a aquisição da linguagem verbal. Vale deixar claro que Piaget referiu-se à aquisição de uma língua, e não à aquisição bilíngue. No presente capítulo, apresentamos nossas reflexões sobre a aquisição bilíngue tendo tal enquadre teórico como referência. Nesse contexto, tomaremos as seguintes questões como norteadoras em nossa análise: 1. O que é necessário para que a aquisição da linguagem verbal se dê? 2. Essas condições necessárias são, ao mesmo tempo, suficientes? 3. Quais seriam outros fatores relevantes, especialmente quando o processo de aquisição envolve duas línguas? 4. Tais conhecimentos podem auxiliar no trabalho pedagógico com a criança?

O que é necessário para que a aquisição da linguagem verbal se dê?

Piaget, a partir de uma perspectiva interacionista, estudou a construção das estruturas mentais específicas para o ato de conhecer. Nesse contexto, a linguagem verbal entra como um componente importante, mas não determinante do processo de construção do conhecimento e da possibilidade de conhecer.

De maneira geral, segundo Piaget (1970/1978, 1991), as estruturas que caracterizam o pensamento no nível da linguagem verbal têm suas origens na ação e nos mecanismos sensório-motores, ou seja, há um pensamento sensório-motor anterior à linguagem verbal. Ele afirma que a vida social não é a única responsável pelo desenvolvimento dos conceitos, mas que existem, no âmbito cognitivo-estrutural, condições necessárias para a aquisição da linguagem verbal. Estas seriam: 1. os progressos da inteligência sensório-motora em seu conjunto; e 2. a interiorização das imitações em representações (Cf. Piaget, 1970/1978, p. 139).

a) Progressos da inteligência sensório-motora em seu conjunto: coordenação de ações

O período sensório-motor refere-se, de uma maneira geral, aos dois primeiros anos de vida da criança. Durante esse período, a criança constrói a coordenação das ações – processo que se inicia com o exercício dos reflexos, passa pela coordenação de meios para alcançar um fim, e chega à invenção de novos meios para alcançar um fim. Piaget descreve seis estágios dentro do nível sensório-motor. Vale acrescentar que o que é necessário não são as idades médias em que se espera que cada estágio aconteça, mas sim a sequência lógica entre eles.

Apontaremos brevemente os principais pontos de cada um desses estágios de desenvolvimento da inteligência sensório-motora (Piaget, 1936/1987). Ao nascer, a criança tem à disposição os reflexos para se adaptar ao mundo. O primeiro estágio, que acontece durante o primeiro mês de vida, refere-se ao exercício dos reflexos: após o nascimento, o bebê começa a colocar em ação diferentes reflexos, como o de sugar e o de segurar.

O exercício dos reflexos levará à construção dos primeiros esquemas de ação. Esquema de ação é tudo aquilo que é generalizável num determinado conjunto de ações. Por exemplo, o esquema de sugar: a criança suga o seio, o dedo, a chupeta, a mamadeira, a roupa, ou seja, ela suga tudo o que lhe for possível. O "sugar" é comum a todas essas ações, é o que é generalizável nesse conjunto de ações. O esquema forma a primeira estrutura cognitiva da criança, é a sua primeira forma de conhecer e de atribuir significado ao mundo – "é de sugar".

Durante o segundo estágio, que vai do primeiro ao quarto mês, observamos o que Piaget chamou de "primeiros hábitos": dado o exercício dos reflexos, o bebê cria hábitos, como o de chupar o dedo ou a chupeta. Trata-se do chupar por chupar, de modo que o interesse maior da criança está em sua própria ação e no exercício dos esquemas.

Dos 4 aos 9 meses, em média, a criança encontra-se no terceiro estágio, referente à coordenação de esquemas heterogêneos, o que permite ao bebê perceber que um mesmo objeto pode ser sugado e olhado e pego e ouvido. Também é a fase em que aparecem os "processos destinados a fazer durar os espetáculos interessantes", referentes a comportamentos em que a criança repete as ações que executa no momento a fim de fazer durar um espetáculo interessante, como puxar uma corda para ver balançar um móbile pendurado no alto do berço.

O quarto estágio, que vai dos 9 aos 12 meses, aproximadamente, inicia-se quando a criança apresenta em seu comportamento a "coordenação de esquemas móveis" e sua aplicação a novas situações: a criança começa a poder usar esquemas que já conhece para alcançar um objetivo pré-determinado, como, por exemplo, levantar o lençol para agarrar a chupeta. Piaget considera tais comportamentos como os primeiros comportamentos inteligentes propriamente ditos.

O quinto estágio, que se estende em média dos 12 aos 18 meses, refere-se à "descoberta de novos meios por experimentação ativa": agora não só o fim é novo, também os meios para alcançá-lo o são. Porém, a criança tem que experimentar concretamente várias alternativas, até chegar ao novo "meio". Por exemplo, passar um urso grande por entre as grades estreitas do berço, usar um papel como suporte para alcançar a chupeta que está em cima dele, usar uma vara como instrumento para aproximar a boneca até então inalcançável.

No sexto estágio, que vai dos 18 aos 24 meses, aparecem as chamadas "invenções de novos meios por combinação mental": em situações similares ao estágio anterior, a criança não precisa mais experimentar concretamente diferentes alternativas, mas pode imaginá-las mentalmente, resolvendo um problema de maneira muito mais rápida.

b) Progressos da inteligência sensório-motora em seu conjunto: *construção do real*

A coordenação de ações cada vez mais complexas, que descrevemos brevemente acima, possibilita que a criança elabore o que Piaget (1937/1996) chamou de "construção do real". No quarto estágio, ao poder coordenar diferentes esquemas para alcançar um fim (levantar um lençol para procurar a chupeta escondida debaixo dele, por exemplo), a criança alcança o início da objetivação das categorias do real, ou seja, as noções de espaço, tempo, causalidade e permanência do objeto.

Ao procurar um objeto escondido, a criança mostra que já construiu um início de noção de permanência do objeto, ou seja, pode conceber um objeto como existente, mesmo que não o veja. Também mostra um início da espacialização do real, uma vez que mostra compreender, por exemplo, que a chupeta está *embaixo* do lençol. A partir dessa fase, a noção de profundidade já foi construída e a criança passa a poder considerar o objeto em suas três dimensões. Por exemplo, pode reconhecer sua mamadeira em qualquer posição.

A noção de espaço é fundamental no desenvolvimento, por ser um "palco" para o estabelecimento de relações entre os objetos (e entre o sujeito e os objetos do conhecimento). No nível sensório-motor isso se dá concretamente, no espaço onde o próprio corpo do sujeito também se insere: em cima, embaixo, ao lado, atrás, na frente. No nível representacional, tal estabelecimento de relações no espaço acontecerá em espaços representados, como a folha de papel, por exemplo, "palco" para relações entre letras para formar palavras, entre palavras para formar frases.

Voltando à criança que levanta um obstáculo para pegar um objeto de seu interesse, ela também mostra poder conceber um processo com início-meio-fim, ou seja, pode configurar uma sequência que apresente um elo entre os diferentes momentos e não um simples desenrolar de momentos isolados. Mostra ainda que começa a considerar processos independentes de sua própria ação, configurando um início das noções de tempo e de causalidade objetivadas, ou seja, a partir da perspectiva do objeto, e não do sujeito da ação. A partir desse momento, passa a poder conceber o outro e o objeto como fonte de ação. Por exemplo, pode posicionar a mão de outro sobre uma boneca que quer que seja acionada, ou posicionar um objeto no topo de um plano inclinado e vê-lo rolar, sem empurrá-lo para isso.

A construção adequada das noções de espaço e tempo é fundamental para que a criança aprenda uma língua, falada ou escrita. Como dizer uma palavra sem relacionar sílabas ou fonemas entre si? E sem respeitar a sequência entre eles? O significado da palavra pode mudar radicalmente se a relação espaço-temporal entre as sílabas for alterada (Ex: la-go; go-la).

c) Interiorização das imitações em representações

Piaget (1936/1987, p. 231) usa o termo "representação" em sua obra no sentido de "capacidade de evocar mediante um signo ou uma imagem simbólica o objeto ausente ou a ação ainda não consumada". Esclarecido isso, como se dá a passagem do nível sensório-motor para o nível representacional?

Na perspectiva de Piaget, a passagem da "descoberta de novos meios por experimentação ativa" para a "invenção de novos meios por combinação mental" se dá pela passagem das ações concretamente executadas em representações dessas ações, ou em ações imaginadas, representadas. Para ele, a primeira fase, na qual as ações são concretamente executadas, é fundamental para que a segunda fase possa acontecer.

Assim, o próprio corpo e sua ação são fundamentais na passagem da ação para a representação da ação. No exemplo abaixo, Lucienne (1 ano e 4 meses) tem um problema: quer pegar um objeto que está dentro de uma caixa de fósforos, levemente entreaberta (há uma pequena fenda). Porém, não sabe ainda como aumentar essa fenda, abrindo assim a caixa de fósforos, o que é necessário para se apoderar do objeto desejado. Nessa situação, Piaget (1936/1987, p. 317) a observa:

> De fato, ela olha para a fenda com a máxima atenção depois, várias vezes seguidas, abre e fecha a sua própria boca, primeiro só um pouco, depois cada vez mais! Evidentemente, Lucienne compreende a existência de uma cavidade subjacente à fenda e deseja ampliar essa cavidade: o esforço de representação que ela assim forneceu exprime-se então plasticamente, isto é, não podendo pensar a situação em palavras ou imagens visuais nítidas, ela recorre, a título de "significante", ou de símbolo, a uma simples indicação motora.

Seguindo o mesmo raciocínio exposto no exemplo com Lucienne, Piaget diz que, ao imitar alguém ou algo, o próprio corpo torna-se meio de expressar (significante) um significado que a criança vivenciou.

89

d) Função semiótica

Para Piaget, o fundamental ao se considerar a entrada no nível da representação é o aparecimento da Função Semiótica, ou seja, a capacidade de representar um significado por um significante, que implica a existência de uma imagem mental que represente o objeto externo. O aparecimento da função semiótica expressa-se de diferentes formas. Por exemplo, ao desenhar sua casa, a criança mostra que existe uma imagem mental que representa a casa, expressa concretamente no desenho feito por ela. Ao brincar de casinha, ela mostra que existe uma representação de fatos ocorridos no ambiente doméstico, que ela atualiza em atos na brincadeira. Ao utilizar a linguagem verbal, a criança mostra estar apta a utilizar um sistema linguístico no qual as palavras, signos verbais, representam objetos concretos.

Assim, Piaget nos explica que a Função Semiótica pode se manifestar de várias formas, como por meio do desenho, da brincadeira simbólica e da linguagem verbal, mencionados acima, e também por meio da imitação diferida. Esta se refere a situações em que a criança imita algo que presenciou tempos depois de ter vivenciado aquilo. Por exemplo, uma criança que imite a birra que viu a prima fazer no dia anterior, dando mostras de que ela mesma não está fazendo birra naquele momento, mas imitando o comportamento assistido anteriormente.

e) Entre o sensório-motor e a representação

Já dissemos que o esquema de ação é tudo aquilo que é generalizável num determinado conjunto de ações. Por exemplo, o esquema de pegar: a criança pega a chupeta, a mamadeira, o cabelo da mãe, ou seja, ela pega tudo o que lhe for possível. O "pegar" é comum a todas essas ações, é o que é generalizável nesse conjunto de ações.

O conceito, já no nível da representação, também se refere a uma generalização. Generaliza-se tudo o que tem de comum num determinado conjunto de indivíduos e, com isso, forma-se um conceito. Por exemplo, o conceito de "árvore": conhecemos várias árvores (indivíduos), de tamanhos, formatos, cores, folhas diferentes. Dentro desse conjunto formado por inúmeros indivíduos-árvore, toma-se o que é generalizável em todos eles, como, por exemplo, ter caule, galhos, geralmente também folhas, formando o conceito de "árvore", aquilo que nos permite reconhecer uma árvore até então desconhecida ao nos depararmos com ela.

O movimento de abstrair o que existe de comum a todos os indivíduos de um determinado conjunto é comum tanto ao esquema motor quanto ao conceito representacional. Consideramos este um bom exemplo de como o sensório-motor tem um papel fundamental na construção do pensamento. Formalmente, a generalização já acontece nesse nível mais simples, da ação, antes de acontecer no nível mais complexo e multifacetado da representação. A partir desse ponto de vista, para que a criança possa construir internamente um conceito verbal, não basta estar exposta a ele em seu ambiente, ouvir o conceito existente na língua falada onde vive. É necessário que tenha construído esse pré-requisito cognitivo básico, referente à generalização dos aspectos comuns em um determinado grupo de elementos. Assim, na perspectiva piagetiana, mecanismo sensório-motor e representação não são "ilhas isoladas": há um paralelo formal, mesmo tratando-se de níveis totalmente diferentes.

Essas condições necessárias são, ao mesmo tempo, suficientes?

A distinção entre uma condição necessária e uma condição suficiente é fundamental para a compreensão da perspectiva piagetiana. Condição *necessária* é aquela que, se não estiver presente, determinado fenômeno não acontece; ela é *necessária* para que ele aconteça. Mas pode haver situações em que ela esteja presente e o fenômeno não aconteça. Por exemplo, para que nasça uma árvore, é necessário que exista uma semente sob o solo. Porém, pode acontecer de a semente estar lá, e a árvore não nascer. Também é possível que, num determinado momento, com a temperatura e a quantidade de chuva adequadas, essa semente germine, e, então, a árvore cresça. Assim, a semente é uma condição necessária para o nascimento da árvore, mas não é suficiente.

Uma condição suficiente é aquela que sua presença já faz com que, necessariamente, o fenômeno aconteça – não há outra alternativa. Por exemplo, uma chuva forte é condição suficiente para que o chão de um jardim ao ar livre fique molhado, mas não é condição suficiente para que uma semente enterrada nesse jardim germine. Esta dependerá também de outros fatores necessários, como uma temperatura e luminosidade adequadas, por exemplo.

Retornando ao nosso tema, Piaget explica que os progressos da inteligência sensório-motora em seu conjunto e a interiorização das imitações em representações são condições necessárias para a aquisição da linguagem verbal. Mas isso não quer dizer que elas sejam suficientes. Ou seja, pode acontecer de um indivíduo ter construído essas condições necessárias, mas não adquirir a linguagem.

Quais seriam outros fatores relevantes, especialmente quando o processo de aquisição envolve duas línguas?

Pensamos que entram em cena fatores ligados às contingências, como, por exemplo, estar exposto a uma língua, a valorização afetiva que se atribui a esse objeto do conhecimento, o sentido dessa aprendizagem para a criança.

Um fator fundamental, considerado por Piaget como uma condição necessária, mas não suficiente para o desenvolvimento da criança, é a afetividade. "Como a afetividade interfere nas concepções desenvolvidas por Piaget?" O próprio Piaget (1954/2005) resume a questão afirmando que, sem afeto, não haveria interesse, motivação e necessidade, e que, assim, perguntas e problemas não seriam colocados. Se perguntas e problemas não são colocados, não haveria a inteligência. Nesse sentido ele afirma que a afetividade é uma condição necessária para a construção da inteligência, grifando, contudo, que ela não é uma condição suficiente para tal construção.

Segundo Piaget, não existe uma conduta unicamente afetiva ou unicamente cognitiva: ambos os aspectos estão sempre presentes em cada conduta humana. Eles seriam, ao mesmo tempo, indissociáveis e insubstituíveis, uma vez que possuem naturezas distintas, assumindo diferentes papéis em sua teoria sobre a construção do conhecimento do mundo.

Em sua perspectiva, a afetividade constitui o aspecto energético de uma conduta, enquanto o aspecto cognitivo refere-se às estruturas. Se é por meio da interação e da ação no mundo que o sujeito constrói suas estruturas cognitivas, a qualidade dessa interação depende também da afetividade a ela relacionada. Pensemos em dois exemplos extremos: uma criança que seja obrigada a aprender matemática, que fique amedrontada, sinta-se insegura e pressionada a mostrar resultados, estará numa situação totalmente diferente de outra que se interesse por tal conteúdo, ache-o "legal" e o valorize positivamente. Formalmente, a estrutura lógica inerente ao conteúdo a ser aprendido é a mesma (2 + 2 = 4), mas a afetividade envolvida em cada um dos extremos influenciará a interação que permite a construção desse conhecimento, podendo acelerar, atrasar ou até mesmo bloquear tal construção.

Assim, a afetividade atribuída pelo sujeito a um determinado objeto do conhecimento (ou objeto a ser conhecido – entre eles, as línguas) pode interferir no ritmo de construção da estrutura cognitiva que permite que tal conhecimento se dê. A afetividade influencia diretamente a interação do sujeito com tal objeto do conhecimento, condição necessária para que tal estrutura cognitiva seja construída.

Tais conhecimentos podem auxiliar no trabalho pedagógico com a criança?

Ao refletirmos sobre a aquisição bilíngue, é importante termos em mente que, no âmbito da estrutura cognitiva, existem condições necessárias, mas não suficientes, para que a aquisição de uma língua se dê. Essas condições necessárias, uma vez construídas para a aquisição de uma língua, já estão prontas para a aquisição de duas ou mais línguas.

Portanto, ao nos deparamos com uma criança crescendo em contexto bilíngue, com dificuldade de aquisição de uma língua, é relevante nos perguntarmos, por exemplo, se ela:

1. Construiu as condições necessárias para aquisição de uma língua?

2. Consegue generalizar e abstrair?

3. Construiu adequadamente as noções de espaço e tempo no nível sensório-motor?

4. Como está sua capacidade de representação? Ela apresenta as diferentes manifestações da função semiótica (como desenho, brincadeira simbólica, imitação diferida)?

5. Tal dificuldade se expressa nas duas línguas ou somente em uma delas?

Se a dificuldade se restringir ao domínio de uma das línguas somente, não se expressando por meio da outra língua, é um sinal de que a condição estrutural necessária está presente, de modo que a origem da dificuldade deve estar em outros fatores, diferentes desses.

Ao lado de tais condições necessárias, há aspectos fundamentais que podem fazer com que, mesmo tendo construído a estrutura cognitiva necessária para a aquisição de uma língua, isso não esteja acontecendo. Por exemplo:

1. Como está a qualidade da interação dessa criança com os falantes de tal língua?

2. A exposição à língua tem sido suficiente para possibilitar a sua assimilação?

3. Que tipo de afetos, valores e significações estão sendo atribuídos pela criança a cada uma das línguas?

Dessa maneira, uma implicação prática dessa leitura a partir da perspectiva piagetiana é sua utilização como instrumento para reflexão sobre casos em que uma criança enfrenta dificuldades na aquisição das línguas ou de uma das línguas. Tal leitura amplia nossa possibilidade de compreensão de tal quadro, fornecendo-nos estratégias diferenciadas para lidar com o problema, quer se trate de uma dificuldade referente à esfera da estrutura cognitiva, quer se trate de algo vinculado à esfera afetiva e contingencial desse desenvolvimento.

Assim, por exemplo, se a criança apresenta dificuldades na aquisição das duas línguas e seu comportamento dá indícios de uma dificuldade em relação às noções de espaço e tempo, é possível que o professor configure propostas pedagógicas nas quais a construção de tais noções seja mais intensamente demandada. Por exemplo, atividades baseadas na coordenação das ações, dinâmicas que utilizem o corpo, os movimentos e interações com os colegas, organização espacial de miniaturas de objetos diversos, trabalhos que envolvam processo, como colagens e o acompanhamento do crescimento de uma planta. Porém, a intervenção do professor acontece dentro dos limites do que é possível fazer em sala de aula, no contexto de trabalho com o grupo-classe. Assim, situações em que isso não seja suficiente para auxiliar a criança em seu desenvolvimento, ou em casos mais sérios, é importante que professores e a escola tenham conhecimento dessa possibilidade de leitura, também para que possam fazer os encaminhamentos necessários, a fim de que profissionais especializados façam diagnóstico e indiquem tratamentos adequados para cada caso.[5]

Por outro lado, constatando-se que a origem da dificuldade apresentada pela criança não está vinculada às condições necessárias para a aquisição da linguagem, segundo Piaget (por exemplo, se as dificuldades aparecerem apenas em uma das línguas), nossa atenção volta-se para questões como a afetividade atribuída a cada língua, o sentido dessa aprendizagem para a criança, o tempo e a qualidade de exposição a cada língua. Nesse sentido, a intervenção pode variar desde um aumento do tempo de exposição a determinada língua, ou uma reconfiguração do enquadre dessa exposição (por exemplo, no sentido de configurá-la como algo lúdico e desejável pela criança, e não como uma obrigação ou uma imposição), até uma indicação de psicodiagnóstico e orientação familiar, por exemplo.

É importante acrescentar que outros fatores podem estar relacionados a uma dificuldade de aquisição, fatores estes que profissionais especializados em fala e em linguagem, como um foniatra ou um fonoaudiólogo, podem detectar.

---

[5] Para saber mais, ver Afonso (1998).

Por exemplo, um distúrbio na audição, ou no trato vocal necessário para a fala. Nosso intuito não é o de reduzir dificuldades de aquisição ao conteúdo que apresentamos, mas sim ampliar as possibilidades de reflexão e de intervenção. Para isso nos valemos de considerações relevantes sobre condições necessárias no âmbito cognitivo-estrutural, bem como a importância fundamental da afetividade e de fatores contingenciais nesse processo de aquisição da linguagem verbal, seja ele mono ou bilíngue.

CONCLUSÕES

A partir de nosso levantamento de pesquisas, concluímos que o bilinguismo infantil não prejudica a construção da linguagem verbal e que é fundamental diferenciarmos entre os frutos do bilinguismo em si e os resultados das condições socioeconômicas e culturais nas quais a situação bilíngue acontece. Nesse contexto, salientamos a relevância da valorização afetiva atribuída pela criança a um objeto de conhecimento (em nosso caso, uma língua) no processo de construção de conhecimento desse objeto.

A perspectiva piagetiana sobre a aquisição da linguagem verbal revelou-se um ponto de vista teórico enriquecedor, a partir do qual se interpretar a aquisição bilíngue. Sobretudo ao diferenciar e salientar condições cognitivo-estruturais necessárias para que a aquisição da linguagem verbal aconteça e ao pontuar a importância da afetividade e da interação com o meio para a construção do conhecimento do mundo. Tal leitura amplia nossa possibilidade de compreensão em casos de dificuldade de aquisição em contexto bilíngue, viabilizando que uma intervenção mais apropriada para cada caso possa ser oferecida à criança, auxiliando-a na superação de tal dificuldade. As intervenções possíveis referem-se tanto à configuração de atividades pedagógicas em âmbito escolar, que auxiliam a criança na superação de suas dificuldades, quanto à indicação aos pais de profissionais especializados, que podem fazer um diagnóstico diferencial e dar um tratamento adequado para cada caso.

REFERÊNCIAS BIBLIOGRÁFICAS

AFONSO, Rosa Maria Lopes. *Ludodiagnóstico*: a teoria de J. Piaget em entrevistas lúdicas para o diagnóstico infantil. Taubaté: Cabral, 1998.

BAKER, Colin; PRYS-JONES, Sylvia. *Encyclopedia of bilingualism and bilingual education*. Clevedon: Multilingual Matters, 1998.

BIALYSTOK, Ellen. *Bilingualism in development*: language, literacy, and cognition. 5. ed. New York: Cambridge University Press, 2001/2006.

FLORY, Elizabete Villibor. *Influências do bilinguismo precoce sobre o desenvolvimento infantil*: uma leitura a partir da teoria da equilibração de Jean Piaget. São Paulo, USP, Instituto de Psicologia, 2009. (Tese de Doutorado.)

_____; SOUZA, Maria Thereza Costa Coelho de. Bilinguismo: diferentes definições, diversas implicações. *Revista Intercâmbio*. São Paulo, LAEL/PUC, vol. XIX, pp. 23-40, 2009.

GENESEE, Fred. Early bilingual language development: one language or two? In: WEI, Li. (org.). *The bilingualism reader*. New York: Routledge, 1989/2006. pp. 327-343.

_____. What do we know about bilingual education for majority-language students? In: BATHIA, Tej; RITCHIE, William (orgs.). *The handbook of bilingualism*. Malden, MA: Blackwell, 2004. pp. 547-576.

_____; NICOLADIS, Elena; PARADIS, Johanne. Language differentiation in early bilingual development. *Journal of Child Language*, Cambridge, 22, pp. 611-631, out. 1995.

GROSJEAN, François. *Life with two languages*: an introduction to bilingualism. Cambridge: Harvard University Press, 1982.

HAMERS, Josiane; BLANC, Michel. *Bilinguality and bilingualism*. Cambrigde: Cambridge University Press, 1983/2003.

KATSCHAN, O. Early Bilingualism: Friend or Foe? In: KURCZ, Ida; SHUGAR, Grace Wales; DANKS, Joseph (orgs.). *Knowledge and language*. Amsterdan: Elsevier Science, 1986.

KEATS, Daphne; KEATS, John. The effect of language on concept acquisition in bilingual children. *Journal of Cross-Cultural Psychology*, vol. 5, n. 1, pp. 80-99, mar. 1974.

_____; _____; FAN, L. The language and thinking relationship in bilingual chinese children. *Australian Journal of Chinese Affairs*, 7, pp. 125-134, 1982.

LAMBERT, Wallace; TUCKER, Richard. The benefits of bilingualism. *Psychology Today*, vol. 7, pp. 89-94, set. 1973.

MEISEL, Jürgen. Early differentiation of languages in bilingual children. In: WEI, Li (org.). *The bilingualism reader*. New York: Routledge, 1989/2006. pp. 344-369.

_____. The weaker language in early child bilingualism: acquiring a first language as a second language? *Applied Psycholinguistics*, vol. 28, n. 3, pp. 495-514, 2007.

MELLO, Heloísa Augusta Brito de. *O falar bilíngue*. Goiânia: Editora da UFG, 1999.

MILROY, Lesley; MUYSKEN, Pieter. *One speaker, two languages*. Cambridge: Cambridge University Press, 1995.

PIAGET, Jean. *O nascimento da inteligência na criança*. Rio de Janeiro: LTC, 1936/1987.

_____. *A construção do real na criança*. São Paulo: Ática, 1937/1996.

_____. *Inteligencia y afectividad*. Buenos Aires: AIQUE, 1954/2005.

_____. Problemas de psicologia genética. In: *Os pensadores*: Piaget. São Paulo: Abril, 1970/1978.

_____. *A formação do símbolo na criança*. 2. ed. Rio de Janeiro: Zahar, 1975.

_____. *Seis estudos de psicologia*. 18. ed. Rio de Janeiro: Forense Universitária, 1991.

WEI, Li (org.). *The bilingualism reader*. New York: Routledge, 2000.

4. Formação de novos leitores: quais são os elementos que influem nesse processo?

Ana Flavia Alonço Castanho*

INTRODUÇÃO

> *Todos lemos a nós e ao mundo à nossa volta*
> *para vislumbrar o que somos e onde estamos.*
> *Lemos para compreender,*
> *ou para começar a compreender.*
> *Não podemos deixar de ler.*
> *Ler, quase como respirar, é nossa função essencial.*
>
> Alberto Manguel

O processo percorrido pelos indivíduos que querem se tornar leitores é o tema abordado neste capítulo, no qual vamos nos deter, mais especificamente, nos elementos envolvidos nesse processo de desenvolvimento, que, acreditamos, conjuga aspectos afetivos e cognitivos. Pois, se a leitura é vista como fonte de ideias e alimento para o intelecto, o laço que une os leitores aos livros parece ser sobretudo afetivo, como sugerem Marilena Chauí e José Mindlin:

> Eu costumo falar no esplendor do livro porque ele abre para mundos novos, ideias e sentimentos novos, descobertas sobre nós mesmos, os outros e a realidade. Ler, acredito, é uma das

---

[1] Pedagoga, mestre e doutoranda em Psicologia Escolar e do Desenvolvimento pela USP, atua na formação de professores.

experiências mais radiosas de nossa vida, pois, como leitores, descobrimos nossos próprios pensamentos e nossa própria fala graças ao pensamento e à fala de um outro (Chauí, 2003).

Para mim é difícil falar simplesmente de gosto pelos livros, porque em matéria de livros meu caso é muito mais grave: é um amor que vem desde a infância, que me acompanha a vida inteira, e ainda acima disto, incurável. Não se trata por isso de um interesse periférico (Mindlin, 2004).

Mas esse tipo de experiência – usufruir de todas as possibilidades que ser um leitor pode oferecer – está ainda hoje completamente fora do alcance de uma parcela considerável da população brasileira, seja em função do total desconhecimento das regras que regem a escrita (o analfabetismo), seja devido ao grau restrito de letramento, ou ainda devido a um afastamento das razões de uso da escrita, que provocaria uma "desaprendizagem", chamada por alguns de "analfabetismo funcional" ou "analfabetismo de retorno".

De acordo com o Índice de Alfabetismo Funcional (INAF/ Brasil) de 2007, a questão da formação de leitores no Brasil está assim configurada: 7% da população entre 15 e 64 anos apresenta a condição de analfabetismo absoluto; 25% encontra-se no nível 1 de alfabetismo, o chamado alfabetismo rudimentar, suficiente apenas para localizar informações simples em enunciados com uma só frase; 40% está no nível 2 de alfabetismo – que pode ser considerado como um nível básico de alfabetização –, caracterizado por habilidades de leitura que só permitem localizar informações em textos médios; e somente os 28% restantes atingem o nível 3 de alfabetismo, considerado o alfabetismo pleno, sendo capazes de ler textos mais longos, encontrar mais do que uma informação, comparar e estabelecer relações entre textos diferentes. Apenas este último seguimento, pois que representa um pouco mais de 1/4 da nossa população, tem um nível de habilidade de leitura suficiente para usufruir todas as possibilidades que a leitura e a escrita oferecem. O que, de fato, coloca a questão da formação de leitores como uma das grandes questões nacionais.

Diante desse panorama, faz-se necessário, entre outras coisas, conhecer os determinantes desse processo de formação, na perspectiva da Psicologia do Desenvolvimento. É nesse contexto que se insere este capítulo, com o objetivo de estudar de que maneira elementos afetivos e cognitivos interagem na formação do leitor. Mais especificamente, qual a relação entre a leitura – como um valor central dentro da hierarquia de valores do sujeito, e por isso configurada como elemento positivo de suas representações de si – e o desenvolvimento, por parte desse sujeito, de estratégias mais elaboradas de leitura.

Para abordar esse tema, utilizamos os trabalhos de Goodman, Smith e Foucambert, no que diz respeito à concepção de leitura e formação de leitores; a teoria piagetiana, para analisar como o indivíduo constrói seus conhecimentos sobre o mundo e qual a influência do afetivo e do cognitivo nessa construção; o conceito de *self*, desenvolvido por Taylor, no seu trabalho sobre a identidade moderna, e investigado por Perron, no seu trabalho sobre as representações de si. Essas representações podem ser relacionadas ao conceito de hierarquia de valores exposto por Piaget, possibilitando-nos assim instrumentos teóricos e metodológicos para conhecer os elementos que constituem essa hierarquia.

ALGUNS ELEMENTOS TEÓRICOS IMPORTANTES

Concepção de leitura

Trataremos agora de características que estão presentes na leitura e que são importantes para definir o sentido em que ela será tomada aqui. Para isso, vamos examinar a leitura nos seus dois usos mais gerais: a leitura que tem como objetivo a compreensão de textos, e a que tem como intuito a identificação de palavras.

Goodman (1984, p. 80) aponta para o primeiro desses usos como um processo no qual tanto o sujeito do conhecimento quanto o conhecido se transformam. De acordo com seu posicionamento teórico,

> o escritor constrói um texto através de transações com o texto em desenvolvimento e o significado que está sendo expressado. O texto é transformado no processo da mesma maneira que os esquemas do escritor (formas de organização do conhecimento). O leitor também constrói o texto durante a leitura através de transações com o texto publicado, e os esquemas do leitor também são transformados no processo através de assimilação e acomodação, conforme Piaget descreveu (tradução nossa).

Por sua vez, Smith estabelece que a única forma de ler é no nível do significado. Para ele, a leitura consiste em fazer perguntas ao texto escrito, e a leitura com compreensão ocorre quando essas respostas são obtidas. Da mesma forma que Goodman, ele ressalta o papel ativo e construtivo do leitor, uma vez que as perguntas feitas ao texto se baseiam nos conhecimentos que construiu anteriormente (que fazem parte, segundo Smith, da teoria de mundo do leitor) e as respostas obtidas vão complementar ou modificar essa teoria. O que move o leitor é a procura de sentido.

Essa formulação nos ajuda a examinar o segundo uso da leitura que citamos antes: quando se lê com o objetivo de identificar palavras, como no caso de uma busca na lista telefônica, as primeiras letras da palavra procurada orientam a pergunta, e a ausência delas leva o leitor a ignorar uma enorme quantidade de palavras, só se detendo naquelas que possuem um início idêntico ao da palavra procurada. Não se trata, portanto, de um mero passar de olhos sobre as palavras, mas, sim, de uma procura ativa de indícios relevantes para alcançar seu objetivo. Da mesma forma, na leitura de um romance, o leitor lê procurando informações que respondam às perguntas que fez a respeito da trama.

Foucambert (1994, p. 70) partilha dessa visão sobre a leitura. Segundo ele, o encontro com o texto é antecedido e guiado por perguntas elaboradas pelo leitor:

> Os textos são lidos toda vez que se precisa questioná-los para encontrar neles uma informação complementar. Nesse sentido, a leitura é uma atividade sempre situada entre duas experiências e sua razão de ser está no relacionamento dessas experiências: a primeira, a partir da qual se questiona a escrita; a segunda, na qual as contribuições daí retiradas são reinvestidas. Trata-se sempre de ver, sentir, compreender de outra maneira. A leitura é o contrário do ato gratuito, quer seja de relatos literários ou de textos documentais.

De acordo com esses elementos dos trabalhos de Goodman, Smith e Foucambert, podemos considerar o leitor como um sujeito construtor do seu conhecimento, que nos seus encontros com a escrita vai se orientar ativamente, a partir das hipóteses que seu conhecimento sobre o mundo lhe permitiu formular. Assim, nesses encontros com a escrita vão sendo transformados tanto o seu conhecimento sobre ela como seus conhecimentos sobre o mundo. Essa visão de leitor permite o estabelecimento de relações com a teoria piagetiana, como veremos mais adiante.

Processos de leitura

Smith, na sua obra *Leitura significativa* (1999), descreve minuciosamente o complexo processo de leitura e o papel que nele desempenham a percepção visual, as memórias de curto e de longo prazo, para que a compreensão seja possível.

Segundo ele, todo o processo é controlado ativamente pelo leitor, com base na sua intenção ao ler, nas suas expectativas quanto ao texto e no seu conhecimento prévio sobre o assunto.

Assim, mesmo a percepção visual requer a tomada de decisões por parte do leitor. Smith cita como exemplo "I" e "0" que podem ser interpretados como letras ou como algarismos. O ritmo da leitura dependerá da velocidade com que o leitor consegue lidar com a informação obtida através da visão para encontrar sentido nela.

Outro aspecto relativo à percepção visual na leitura é que durante sua realização os olhos não se movimentam suavemente pelas linhas e pela página. Ao contrário, se movimentam em círculos, saltos e pulos, que recebem o nome de movimentos sacádicos. Os instantes em que os olhos descansam sobre a página são chamados de fixações. Em cada fixação se identifica uma determinada quantidade de informação visual, que vai de quatro a cinco letras por segundo até várias palavras por segundo, de acordo com a quantidade de informação não visual (conhecimentos prévios sobre a escrita e sobre o assunto) que o leitor possui.

Durante o tempo em que o leitor está processando a informação obtida a partir da percepção visual, esta permanece na sua memória de curto prazo. Essa memória permite guardar de cinco a nove elementos, que podem ser letras, palavras ou frases, desde que sejam elementos significativos para o leitor.

Uma vez que o leitor tenha atribuído sentido a esses elementos, eles passam para a memória de longo prazo. A memória de longo prazo difere da memória de curto prazo pela organização:

> A memória de curto prazo guarda itens não relacionados, mas a memória de longo prazo é uma rede, uma estrutura de conhecimento; ela é coerente. A memória de longo prazo é tudo o que nós sabemos sobre o mundo, e tudo o que nós sabemos sobre o mundo está organizado (Smith, 1999, p. 45).

A atribuição de sentido se dá quando as hipóteses elaboradas pelo leitor acerca do material lido se confirmam. Para compreender, precisamos prever, construir hipóteses sobre o texto, e a base dessas hipóteses são os conhecimentos prévios, ou, segundo as palavras de Smith, a teoria de mundo do leitor. A atribuição ou não de sentido guia os próximos movimentos sacádicos, que podem ser progressivos ou regressivos (quando há a necessidade de reexaminar informações não compreendidas). E o processo recomeça.

A leitura é sempre guiada pelas perguntas que os leitores fazem, mas

> podemos olhar o texto e fazer perguntas sobre letras, mas então precisaremos de uma quantidade relativamente concentrada de informação visual e veremos muito pouco. Ou podemos olhar o texto e fazer perguntas sobre palavras, vendo então um pouquinho mais, mas provavelmente não o suficiente para encontrar sentido naquilo que estamos tentando ler. Ou podemos olhar o texto e fazer perguntas sobre o significado, situação na qual não teremos consciência das palavras individuais, mas teremos maior chance de ler fluente e significativamente (Smith, 1999, p. 108).

Essa colocação de Smith se aproxima muito da posição de Foucambert.[1] Para este, a natureza da leitura não está somente além da decifração, ela é uma atividade de outra natureza. Na sua perspectiva, o ato de ler não corresponde a encontrar o oral no escrito, nem mesmo nas línguas nas quais a escrita estabelece uma correspondência aproximativa com o oral. A escrita sempre é uma linguagem que se dirige aos olhos e evolui para a comodidade dessa comunicação visual. Assim, segundo ele, decifração e leitura correspondem a dois usos de um mesmo suporte, usos que se valem de operações intelectuais muito diferentes. Enquanto o usuário que se vale da decifração, em cada fixação de olhos, identifica apenas algumas letras, acumulando frações de sons que somadas lhe permitirão reconstituir o significado. O segundo, que, nas suas palavras, processa a escrita como uma mensagem para os olhos, realiza fixações muito mais amplas, nas quais grupos de palavras são apreendidos por remeterem diretamente a um significado:

> O primeiro procura na escrita os índices gráficos que correspondem a unidades fônicas: deve apreendê-los na sequência correta para construir o significante oral [...] e trabalha então sobre o sentido, um pouco como uma pessoa que escuta outra pessoa falar. O segundo antecipa o significado que vai encontrar. Formula, portanto, hipóteses sobre as formas escritas que aparecerão e vai em busca de um mínimo de índices para verificá-las. A leitura só é difícil ou cansativa (e exige esforços) quando não se sabe ler, quando se deve traduzir a escrita para compreendê-la (Foucambert, 1994, pp. 29-30).

---

[1] Jean Foucambert, francês, é especialista em leitura, pesquisador do Instituto Nacional de Pesquisas Pedagógicas da França (INRP) e membro ativo da Associação Francesa pela Leitura (AFL).

Dessa forma, tanto o leitor fluente, segundo Smith, quanto aquele que, segundo Foucambert, faz uso da leitura como uma linguagem visual leem diretamente para encontrar o significado. Goodman (1987) examina quais as estratégias que estão envolvidas na realização dessa leitura.

Ele define estratégia como "um amplo esquema para obter, avaliar e utilizar informação" (Goodman, 1987, p. 16). As estratégias de leitura são desenvolvidas pela necessidade do ser humano de encontrar ordem e estrutura no mundo, de forma que seja possível aprender a partir de suas experiências, antecipá-las e compreendê-las. Por isso, só é possível desenvolver estratégias de leitura a partir da própria leitura.

Goodman identifica as seguintes estratégias: seleção, predição, inferência e autocorreção. A seleção consiste em identificar apenas os índices úteis entre os índices redundantes presentes no texto. Ela se dá em função de esquemas que o leitor desenvolve de acordo com as características do texto e do significado. "Como os textos possuem pautas recorrentes e estruturas, e como as pessoas constroem esquemas na medida em que tentam compreender a ordem das coisas que vivenciam, os leitores são capazes de antecipar o texto" (Goodman, 1987, p. 17), predizendo o final de uma história, a lógica de uma explicação, o final de uma palavra... Através da inferência, o leitor complementa a informação disponível através de seu conhecimento conceitual e linguístico. A autocorreção corresponde ao controle que o leitor faz do uso da seleção, das predições e das inferências, a fim de que a leitura tenha sentido.

Formação do leitor

Goodman, Smith e Foucambert consideram que as condições para aprendizagem da leitura são análogas às condições para aprendizagem da língua materna ou de idiomas estrangeiros: estar integrado num grupo de usuários reais da língua, em que a heterogeneidade dos saberes cria situações significativas de encontros com a escrita.

Nesse sentido, Goodman, no seu livro *Introdução à linguagem integral* (1997), discorre sobre uma série de princípios para orientar a atuação docente na criação de um ambiente propício e de atividades significativas que possibilitem a aprendizagem das crianças. Smith (1999) propõe a criação de "clubes de alfabetização", nos quais a criança vai interagir com colegas de diferentes idades e níveis de experiência com a leitura, tendo a liberdade de participar das atividades que quiser, desde que estas sempre se relacionem aos usos reais da escrita. Smith aponta como uma das vantagens do "clube de alfabetização" o fato de que as crianças, se identificando como membros do grupo, se veem como leitores e escritores. Segundo ele, "nós aprendemos e nos comportamos da maneira como nos vemos" (p. 122).

Isso constitui o que Foucambert denomina estatuto de leitor: a visão de si mesmo como leitor ou, em outras palavras, a leitura como um aspecto integrante da identidade do sujeito (ver o conceito de *self* segundo Taylor). A partir desse estatuto é que cada indivíduo pode desenvolver as habilidades que lhe permitirão exercê-lo. A partir da defasagem entre o estatuto de destinatário de textos e o seu não-saber-fazer atual. Essa distância cria para o leitor em formação as possibilidades de invenção de estratégias novas. Todo aprendizado é resposta para um desequilíbrio. (Essa questão será retomada mais adiante, na exposição da teoria piagetiana.)

Além disso, ao aprender a ler, a criança desenvolve também uma atividade léxica, praticando atos de leitura. As ações do ensino devem estimular uma atitude reflexiva sobre as estratégias utilizadas para resolver os problemas levantados pelo texto. Através dessa abordagem "metaléxica" o leitor avança nas suas estratégias de questionamento da escrita, construindo-as como um sistema.

De acordo com Goodman, Smith e Foucambert, portanto, é impossível tornar-se leitor sem essa contínua interação com outros leitores, com diferentes materiais escritos e sem essa vivência num lugar em que as razões para ler são intensamente vividas, mas é possível ser alfabetizado sem isso.

Construção de conhecimento

O sujeito que podemos subentender das ideias de Foucambert expostas antes é um sujeito ativo, que aprende a partir da sua interação com o mundo e dos valores que confere a certos objetos desse mundo (no caso, a leitura). Acreditamos que essa visão de sujeito é compatível com a da teoria piagetiana, e mais ainda, que a teoria piagetiana aprofunda a compreensão das questões expostas por Foucambert, contribuindo para a construção de melhor entendimento sobre os aspectos envolvidos na formação do leitor.

Segundo De Souza (2002, p. 57),

> o sujeito é, portanto, nessa perspectiva, ativo e construtor de sua inteligência a cada encontro que realiza com os objetos que visa assimilar, seja essa ação sobre o objeto exclusivamente física (nos primeiros meses de vida), simbólica (a partir da interiorização das ações) ou lógica (porque encaixada num sistema de ações coordenadas e reversíveis).

Dessa forma, como também apontam Ferreiro & Teberosky (1999), segundo a perspectiva da teoria piagetiana, é a partir de suas ações sobre os objetos que o sujeito constrói suas próprias categorias de pensamento e, ao mesmo tempo, organiza seu mundo.

E o mesmo objeto poderá provocar, no mesmo sujeito ou entre os diferentes sujeitos, questionamentos diferentes de acordo com seu nível de desenvolvimento e de acordo com seus interesses. Dessa forma, segundo Piaget (1964/2002), o contato com um mesmo objeto vai despertar diferentes perguntas de acordo com o estágio do desenvolvimento que se encontra a criança (pensemos, por exemplo, na diferença de possibilidades entre uma criança ainda incapaz de classificações e uma que já possui essa capacidade). Assim, os interesses da criança, ao longo do seu desenvolvimento, vão depender de seu desenvolvimento cognitivo e de suas disposições afetivas, que os interesses tenderão a completar, levando-a a melhor equilíbrio.

Para Piaget, toda e qualquer ação (ou seja, todo movimento, pensamento ou sentimento) está ligada a uma necessidade que é sempre uma manifestação de um desequilíbrio (aqui Piaget nos remete a Claparède). A ação visa sanar esse desequilíbrio. Inicia-se devido a ele e se finda quando ele for satisfeito, ou seja, quando o equilíbrio tiver se restabelecido:

> A cada instante, pode-se dizer, a ação humana é desequilibrada pelas transformações que aparecem no mundo, exterior ou interior, e cada nova conduta vai funcionar não só para restabelecer o equilíbrio, como também para tender a um equilíbrio mais estável que o do estágio anterior a essa perturbação. A ação humana consiste nesse movimento contínuo e perpétuo de reajustamento ou de equilibração (1964/2002, p. 16).

Dessa forma, o desenvolvimento mental da criança e do adolescente deve ser descrito em termos de um processo constante de equilibração progressiva, que compreende dois aspectos complementares: as estruturas variáveis (formas sucessivas de equilíbrio, que correspondem, cada uma, a um estágio do desenvolvimento) e as funções fixas que garantem a passagem para o nível seguinte de equilíbrio (em todos os estágios, a inteligência procura compreender, explicar etc. E, também, em todos os estágios a ação é desencadeada por um interesse – que pode se tratar de uma necessidade fisiológica, afetiva ou intelectual).

Pode-se dizer que toda necessidade tende: 1º a incorporar as coisas e pessoas à atividade própria do sujeito, isto é, "assinalar" o mundo exterior às estruturas já construídas, e 2º a reajustar estas últimas em função das transformações ocorridas, ou seja, "acomodá-las" aos objetos externos. Nesse ponto de vista, toda vida mental e orgânica tende a assimilar progressivamente o meio ambiente, realizando esta incorporação graças às estruturas ou órgãos psíquicos, cujo raio de ação se torna cada vez mais amplo (1964/2002, p. 17).

Nesse ponto, a teoria piagetiana ilumina, conferindo um maior sentido à fala de Foucambert, quando este diz que toda aprendizagem é resposta a um desequilíbrio. Realmente, se nos apoiarmos em Piaget, temos que a construção do conhecimento pelo ser humano é fruto de sua ação sobre os diferentes objetos que o cercam no mundo em que vive, e que ações são motivadas por uma necessidade, que é sempre uma manifestação de desequilíbrio.

Afetividade e inteligência segundo a teoria piagetiana

Para Piaget, toda conduta envolve aspectos afetivos e cognitivos: os aspectos afetivos são a motivação e o dinamismo energético, e os aspectos cognitivos são as técnicas e os meios empregados na ação.

O interesse, enquanto mobilizador da ação, existe, assim, desde o início da vida psíquica, estabelecendo a relação entre um objeto e uma necessidade.

O interesse é a orientação própria a todo ato de assimilação mental. Assimilar, mentalmente, é incorporar um objeto à atividade do sujeito, e essa relação de incorporação entre o *objeto* e o *eu* não é outra que o interesse no próprio sentido do termo ("inter-esse"). (Piaget, 1964/2002, p. 37)

A essa primeira forma indistinta de interesse, Piaget distingue os interesses que se diferenciam e se multiplicam em resultado do desenvolvimento do pensamento intuitivo.

Dessa forma, na teoria piagetiana, o interesse apresenta dois aspectos complementares entre si: como regulador, mobilizando as reservas internas de energia, de forma que as tarefas que são interessantes para o sujeito lhe parecem mais fáceis e menos cansativas que aquelas que não lhe despertam o interesse. E num outro aspecto, temos que o interesse, ao longo do desenvolvimento da criança, se diferencia, partindo de formas mais elementares, relacionadas com a satisfação das necessidades orgânicas fundamentais, até chegar a se constituir como um sistema de valores, e com isso designando objetivos cada vez mais complexos para a ação.

A partir dessa visão do interesse como agente regulador e mobilizador de energia, é possível entrever uma outra relação entre a teoria de Piaget e os trabalhos de Foucambert. Este último coloca que a leitura só é cansativa para quem não sabe ler, para quem tem a necessidade de traduzir o escrito para o oral a fim de entendê-lo. Piaget aponta para o interesse como explicação para o fato de a leitura ser menos cansativa para alguns.

Piaget, no Curso da Sorbonne (1953-54, p. 229), diz que "o valor está ligado a uma espécie de expansão da atividade, do *eu*, na conquista do universo. Esta expansão põe em jogo a assimilação, a compreensão etc., e o valor é um intercâmbio afetivo com o exterior, objeto ou pessoa".

Desse modo, desde o terceiro estágio do desenvolvimento – o da inteligência sensório-motora, no qual se dá a diferenciação entre meios e fins –, observamos processos de valorização ou desvalorização pessoal, fruto dos êxitos ou fracassos obtidos pela criança nas suas experiências anteriores. Além disso, nesse estágio encontramos coordenações de interesses através das quais objetos que não apresentavam interesse por si mesmos passam a fazê-lo devido à sua relação com objetos valorados pela criança. É a partir desses sentimentos de valorização e desvalorização ligados à atividade própria e dessas primeiras coordenações de interesses que os valores começam a se hierarquizar, constituindo a finalidade das ações.

No estágio seguinte, com o início da socialização da ação, possibilitada pela aquisição da linguagem, esse sistema de valores passa a contar com os valores atribuídos às pessoas com as quais a criança convive. Estes últimos vão dar origem aos sentimentos morais, que, nesse estágio, por se constituírem a partir de condutas de imitação e respeito unilateral dirigido aos adultos significativos para a criança, são sentimentos morais heterônomos, já que dependentes de uma vontade exterior e moldados na regra recebida, observada literalmente.

Com as conquistas do pensamento operatório concreto, torna-se possível a conservação dos valores, que aos poucos passam a se organizar em sistemas coordenados e reversíveis de forma análoga aos sistemas operatórios da inteligência. Ao mesmo tempo, a nova capacidade da cooperação entre os indivíduos, de coordenação de seus diferentes pontos de vista, leva ao estabelecimento de relações interindividuais marcadas por uma valorização global mútua. Dessas relações, desenvolve-se o sentimento de respeito mútuo, que é a fonte dos sentimentos morais autônomos, assegurados pela força de vontade do indivíduo.

Na adolescência, com o pensamento formal, esse processo culmina na "organização autônoma das regras dos valores e a afirmação da vontade, com a regularização e afirmação moral das tendências" (Piaget, 1964/2002, p. 61). Todos esses valores encontram-se subordinados a um sistema único e pessoal, e se referem a um plano de vida, delineado pelo adolescente.

A força de vontade está ligada, como vimos, ao funcionamento dos sentimentos morais autônomos, constituindo o equivalente afetivo das operações racionais. De acordo com Piaget (1964/2002, p. 56):

> A vontade não é, de nenhum modo, a própria energia a serviço desta ou daquela tendência. É uma regulação da energia, o que é bem diferente, e uma regulação que favorece certas tendências à custa de outras. Também se confunde, frequentemente, a vontade com o ato intencional (como na linguagem corrente, quando se diz "você quer?", no sentido de "você deseja?"). Mas, como já mostraram W. James e Claparède, a vontade é inútil quando já existe uma intenção firme e única; aparece, ao contrário, quando há conflitos de tendência ou de intenções, como quando, por exemplo, se oscila entre um prazer tentador e um dever. [...] O ato de vontade consiste, portanto, não em seguir a tendência inferior e forte (ao contrário, fala-se, neste caso, de um fracasso da vontade ou de uma "vontade fraca"), mas em reforçar a tendência superior e frágil, fazendo-a triunfar.

Esse conceito de hierarquia de valores, ou seja, do valor diferenciado que o indivíduo confere aos objetos do mundo que o cerca, e de força de vontade, atuando para fazer triunfar as ações baseadas em tendências de maior posição nessa escala, permite compreender melhor a ideia de estatuto de leitor, de Foucambert. De acordo com ele, o fato de o indivíduo conferir um alto valor à leitura e de ver a si mesmo como leitor é de importância fundamental para que desenvolva estratégias mais elaboradas de leitura. Pensando no conceito de hierarquia de valores, da teoria piagetiana, poderíamos dizer que, para o indivíduo se desenvolver como leitor, é necessário que a leitura seja um valor central para ele. Trabalhar com o conceito piagetiano de hierarquia de valores também nos leva a pensar em qual seria sua relação com a construção da identidade do sujeito. Essa construção é um tema que já foi trabalhado por muitos estudiosos, mas neste capítulo serão utilizados os trabalhos de Taylor, sobre a constituição do *self*, do ponto de vista filosófico, e de Perron, acerca das representações de si, do ponto de vista psicológico, pois consideramos que é possível conciliar as contribuições desses pesquisadores com a teoria de Piaget.

Identidade e representações de si

Taylor,[2] em seu livro *As fontes do self* (1997), examina a questão da identidade moderna do ponto filosófico, mas, devido à natureza do tema e à forma de análise, ao mesmo tempo introduz questões psicológicas importantes sobre essa construção. Ele parte da análise dos elementos que estão por trás do nosso sentido de dignidade – como a justiça, o respeito à vida e ao bem-estar das outras pessoas – e das questões acerca do que faz com que a nossa vida seja significativa, ou, nas palavras Taylor, "uma vida digna de ser vivida". O que distingue tais elementos e questões é o fato de que todos envolvem uma separação, pelo sujeito, entre o que é certo e o que é errado, entre o que lhe parece melhor ou pior, e entre o que se lhe apresenta como mais ou menos elevado. Essas distinções são validadas por seus

---

[2]   Charles Taylor, estudioso da identidade moderna, foi professor de Filosofia Moral em Oxford e, posteriormente, passou a ocupar o cargo de professor de Ciência Política e Filosofia na McGill University.

desejos, inclinações e escolhas, mas existem a despeito deles e funcionam como um padrão de julgamento.

Esses padrões, que funcionam como base de julgamento do que é bom e valioso, capaz de tornar a vida significativa, formam, para cada pessoa, um conjunto de distinções qualitativas a que Taylor (1997, p. 35) chama de "configuração":

> Pensar, sentir, julgar no âmbito de tal configuração é funcionar com a sensação de que alguma ação ou modo de vida ou modo de sentir é incomparavelmente superior aos outros que estão mais imediatamente a nosso alcance. [...] Uma forma de vida pode ser vista como mais plena, outra maneira de sentir e de agir pode ser julgada mais pura, um modo de sentir ou viver como mais profundo, um estilo de vida como mais digno de admiração, uma dada exigência como sendo uma afirmação absoluta em oposição a outras meramente relativas etc.

Essa ideia, defendida por Taylor, de que existem ações, modos de proceder ou de sentir que estão *incomparavelmente* acima dos outros e, por isso, orientam a tomada de decisões pode ser relacionada aos conceitos piagetianos de hierarquia de valores (sistema coordenado e reversível de valores que o indivíduo atribui aos objetos que o cercam) e força de vontade (regulação de energia que favorece tendências ligadas a valores mais centrais à custa de outras), uma vez que implica um sistema hierarquizado de valores que orientam a ação.

Com efeito, para Taylor existe uma ligação fundamental entre a identidade e essa espécie de orientação. Conhecer-se e definir-se significa estar orientado dentro de um espaço moral, implica saber qual posição se assume e a partir de quais compromissos e identificações essa posição é definida. O que torna possível distinguir os compromissos, valores e identificações ligados a essa tomada de posição dos demais é o fato de os primeiros envolverem o que ele chama de "avaliação forte" – ou seja, são compromissos, valores e identificações que podem ser a base de atitudes de admiração ou desprezo.

Taylor utiliza o termo *self* para se referir a essa faceta do ser humano, esclarecendo que se trata de uma palavra com várias acepções possíveis, mas que ele escolheu aquela que exprime essa necessidade humana de identidade, de orientação e posicionamento. Mas trabalhar com essa acepção de *self* como objeto de conhecimento implica fazer algumas ressalvas, pois ele não é um objeto de estudo no sentido comumente entendido.

Um objeto de estudo científico deve poder ser observado objetivamente, deve "ser o que é" independentemente de descrições ou interpretações fornecidas pelo sujeito, deve poder ser apreendido numa descrição explícita e ser descrito sem referência ao ambiente que o cerca. O estudo do *self* não se encaixa nessas características, pois compreende, obrigatoriamente, as autointerpretações que a pessoa faz de si, portanto inclui a subjetividade. É expresso pela linguagem, por isso nunca pode ser explicitado completamente. Além disso, só se é um *self* no meio de outros. É impossível descrevê-lo sem referências ao ambiente que o cerca, nas suas esferas familiar e social, ignorando as relações que estabeleceu com as pessoas amadas e, especialmente, sem levar em conta o espaço de orientação moral e espiritual no qual o indivíduo vivenciou suas relações definitórias mais importantes.

> Este é o sentido em que não se pode ser um *self* por si só. Só sou um *self* em relação a certos interlocutores: de um lado, em relação aos parceiros de conversação que foram essenciais para que eu alcançasse minha autodefinição; de outro, em relação aos que hoje são cruciais para a continuidade da minha apreensão de linguagens de autocompreensão – e, como é natural,

essas classes podem sobrepor-se. Só existe um *self* no âmbito do que denomino "redes de interlocução" (Taylor, 1997, p. 55).

É interessante notar que nesse ponto Taylor se aproxima de Foucambert, pois se para o primeiro não se pode falar em *self* desconsiderando sua inserção em redes de interlocução, para o segundo, não é possível se tornar leitor sem estar ligado a uma comunidade de leitores.

Através da linguagem somos introduzidos num mundo de conhecimentos e valores selecionados de acordo com a visão de mundo de nossos pais e tutores. Mais tarde, essa mesma linguagem nos possibilitará negar alguns aspectos dessa bagagem e reafirmar outros, graças à possibilidade de nos relacionarmos com diferentes parceiros, presentes ou ausentes, e de épocas diversas, confrontando nosso pensamento com o deles. O que remete às condições apontadas como necessárias por Smith (1999) e Foucambert (1994) para a formação de leitores: respectivamente, a interação em situações significativas de leitura e identificação com outros leitores (fazendo parte de um "clube de alfabetização"); e a visão da leitura como um aspecto integrante da identidade do sujeito (estatuto de leitor).

Nós nos definimos como um *self* imerso nessas redes de interlocução; delas selecionamos elementos e valores a partir dos quais elaboramos nossas configurações morais e seguimos uma determinada orientação em nossas vidas. O sentimento de que a vida tem sentido tem a ver com essa orientação que damos a ela, com a direção que toma sob nossa condução.

Mas essa definição não é uma tarefa que podemos tomar como concluída em determinada fase de nossa vida; ao contrário, é uma construção retomada a todo momento ao longo de nossos dias. Segundo Taylor (1997, p. 70):

A pergunta sobre nossa condição nunca pode ser esgotada para nós por aquilo que somos, porque estamos também mudando e nos tornando o tempo todo. Só passamos pela infância e pela meninice até a condição de agentes autônomos com alguma espécie de posição própria com relação ao bem. E, mesmo então, essa posição é sempre desafiada pelos novos eventos de nossa vida e vive constantemente sob revisão potencial, conforme aumentam nossa experiência e nossa maturidade. Assim, para nós a pergunta tem de ser não só onde estamos como também para onde vamos; e, embora a primeira possa ser uma questão de mais ou menos, a segunda é uma questão de em direção a ou em afastamento de, uma questão de sim ou não. Eis porque uma indagação absoluta sempre molda nossas indagações relativas. Como não podemos prescindir de uma orientação para o bem, e como esse lugar é algo que deve sempre mudar e tornar-se, tem de surgir para nós a questão da direção de nossa vida.

Para Perron (1991, p. 24) – de forma muito semelhante à visão de Taylor sobre o *self*, e remetendo-nos também ao conceito de hierarquia de valores de Piaget – as representações de si

são construídas como conjunto de valores. Todas as características pelas quais o sujeito pode se definir são com efeito sentidas, em diversos graus, como desejáveis ou desagradáveis. Mas existe mais: no mais íntimo da consciência de si – o sentimento de ser, distinto de todo outro – reside a sensação de *ser valor enquanto pessoa*. O sentimento de coerência e permanência, que define aos olhos da pessoa sua própria existência, tende a coincidir com o sentimento de *ser* valor enquanto pessoa; e desta vez se trata do valor, no singular e tomado no sentido absoluto. Isto pode-se exprimir de modo lapidar por: eu sou valor porque eu sou, eu sou porque eu sou valor.

Um sistema como esse não pode ser mantido a não ser através de mecanismos reguladores, pois sem eles uma longa sucessão de fracassos ou de êxitos poderia levar a um sentimento de desvalorização mortífera ou a uma exaltação de si irrealista.

Para compreender esse sistema temos que levar em conta que o êxito *objetivo* (tal como seria visto por um observador imparcial) é muitas vezes diferente do êxito *experimentado* pelo sujeito. Isso porque cada um de nós pode julgar suas próprias experiências a partir de três tipos de critérios: os *critérios de realidade*, dados pela natureza da tarefa ou da situação (como convencer uma pessoa reticente ou consertar um aparelho elétrico); os *critérios fundamentados em comparações interindividuais* (muito mais subjetivo e permeável aos *a priori* de valorização ou desvalorização pessoal de cada um); e os *critérios com base numa imagem ideal de si* (que funcionam como reguladores internos do nível de exigência da pessoa em cada situação).

Existe, assim, uma variação entre a forma com que pessoas diferentes julgam a mesma situação e também variações na forma com que uma mesma pessoa percebe uma situação, de acordo com o momento e as circunstâncias. Essa margem de liberdade permite o jogo de um primeiro tipo de regulações.

Um segundo tipo de mecanismos reguladores atua sobre as situações em que o sujeito aceita se engajar: depois de passar por alguns fracassos, a tendência é se envolver em situações mais seguras, que trarão um sucesso importante para restabelecer a confiança em si; por outro lado, após uma série de sucessos, o sujeito tende a se arriscar mais, aumentando a probabilidade de fracasso. Conforme aponta Perron (1991, pp. 25-26):

> Parece, portanto, que a consciência de si como consciência de valor(es) constitui um sistema, uma estrutura, no sentido de

conjunto organizado, equilibrado por mecanismos reguladores, alguns dos quais ao menos podem ser concebidos como mecanismos de retroação (cf. Von Bertalanfy, 1973, 1982; Piaget, 1970). Sobre este aspecto central de seu funcionamento, a pessoa aparece como um conjunto homeostático (Lecky, 1945; Stagner, 1951), quer dizer, como um conjunto que tende a voltar ao estado de equilíbrio depois de variações transitórias (Piaget, 1967; Perron, 1985).

Partindo do pressuposto de que as características que compõem a imagem que a pessoa faz dela mesma são, todas elas, valorizadas por essa pessoa, Perron investigou sobre quais modalidades se dá essa valorização. Para essa pesquisa, solicitou a crianças e suas mães que descrevessem o que é importante em uma criança e, em seguida, como ela própria é (no caso da criança) ou como seu filho é (no caso das mães) e também o que elas desejariam ser (ou o que a mãe desejaria que seu filho fosse, no futuro).

Perron observou que as crianças, à medida que crescem, tendem a se descrever, cada vez mais, de acordo com o modelo de criança ideal que elas mesmas fizeram, o que, por sua vez, tende a coincidir em muito com o modelo descrito por suas mães, que apresenta as qualidades prezadas por seu meio social. No entanto, essa aproximação é mais nítida com relação a alguns valores e pode haver divergência quanto a outros.

A visão de Taylor sobre o *self* e os trabalhos de Perron acerca das representações de si permitem reunir a ideia de estatuto de leitor, de Foucambert, o conceito de hierarquia de valores e a definição de programa de vida, expostos por Piaget. Isso porque a construção do *self* para Taylor implica a adoção de uma escala de valores para o sujeito – "identidade é o que nos permite definir o que é e o que não é importante para nós" – e definição do que é, para esse sujeito, uma vida digna de ser vivida; porque as representações de si, para Perron, são construídas como conjuntos de valores e estão diretamente ligadas ao "sentimento de coerência e permanência que define aos olhos da pessoa sua própria existência"; e porque a ideia de estatuto de leitor envolve "identificações" que o sujeito estabelece com o mundo leitor e com os outros sujeitos leitores, e implica ver a leitura como algo "bom ou valioso".

ALGUNS DADOS DA PESQUISA

A seguir apresentaremos alguns dos resultados da nossa pesquisa, realizada (Castanho, 2005) com o intuito de investigar aspectos afetivos e cognitivos envolvidos na formação do leitor, a partir da discussão de suas hipóteses:

1. a presença, na criança, de representações de si positivas enquanto leitora mobiliza o desenvolvimento de habilidades superiores de leitura;

2. a presença, na criança, de representações positivas da leitura em si (leitura como fonte de prazer) mobiliza o desenvolvimento de habilidades superiores de leitura.

Para verificar se essas hipóteses se comprovavam, foram colhidos dados de diferentes categorias, junto a uma amostra de 48 crianças de 2ª, 3ª e 4ª séries: uma prova de leitura a fim de averiguar o nível de desenvolvimento dessa habilidade; um reconto oral; uma entrevista semiestruturada sobre hábitos de leitura, representações de leitura e representações de si das crianças. Partindo desses dados, analisou-se se as hipóteses anteriores se comprovavam ou não na amostra pesquisada.

Dados obtidos e sua categorização

Para procurar determinar o modo como cada um dos sujeitos vê a leitura, foi-lhes perguntado "Para que serve a leitura?" e "Por que você tinha vontade de aprender a ler quando entrou na escola?". As respostas obtidas podem ser agrupadas em três categorias.[3]

A primeira engloba as crianças que consideram que "a leitura serve para nos ensinar a ler melhor". Uma pesquisadora especializada em leitura, Tereza Colomer, traduz essa opinião das crianças dizendo que da mesma forma que um piloto tem que ter muitas horas de voo para tirar seu brevê, uma pessoa tem que ler muito para efetivamente se tornar um leitor. Podemos citar como exemplo dessa categoria F. (7) e H. (8,11) para os quais a leitura serve, respectivamente, "Para ler", "Para aprender a ler melhor" e "Para ajudar a gente a ler melhor". Apesar de ser uma categoria muito utilizada para explicar a finalidade da leitura, nenhuma criança se valeu dessa categoria para justificar por que queria aprender a ler, talvez porque a segunda questão remeta ao interesse, à vontade, que se refletem melhor nas duas outras categorias.

A segunda categoria reúne as crianças que veem a leitura como um elemento importante para o sucesso escolar, para a aprendizagem e, em alguns casos, para o futuro profissional. Como exemplo dessa categoria temos A. (10,3), para quem a leitura serve "Para estudar e quando crescer ser inteligente [...] conseguir um trabalho melhor"; ou A.C. (10,10), que queria aprender a ler "Porque tem aluno que quando a professora ia dar um texto para ler e a gente não sabia ler [...] falava assim: 'Oh, professora, eu não sei ler', e ela ia colocar no meio de todo mundo que não sabia ler

---

[3] Os nomes das crianças entrevistadas foram substituídos por abreviaturas para preservar suas identidades. Os números entre parênteses correspondem à idade (ano, meses).

para ir aprendendo"; e Le. (9,1), que desejava aprender a ler "Porque eu não ia conseguir trabalhar nem ir para a escola quando eu crescesse".

Ainda que possa parecer, à primeira vista, uma visão utilitarista da leitura, é preciso considerar a importância que o sucesso ou o insucesso escolar tem para as representações de si da criança. Yves Compas (1991), no seu trabalho sobre representações de si e êxito escolar, discute de forma muito interessante essa questão, apontando que a maioria das pesquisas nesse campo considera o êxito escolar como um dos grandes determinantes da natureza dessas representações.

A terceira categoria reúne as crianças que aliam a leitura ao interesse e ao prazer. De forma geral são crianças que já leem bem e que leem muito, citando a leitura, na maior parte dos casos, entre duas atividades de lazer favoritas. Exemplos dessa categoria são B. (9,6), para quem a leitura serve "Para a gente entender um pouco da história, não é? Saber o que acontece na história, ter ideias, usar a imaginação [...]. Então livro é legal porque a gente pensa do jeito que a gente quiser. Que nem *Harry Potter*, é só um nome, a gente vê do jeito que a gente quiser, livro serve para isso, também"; e J. (8), que queria aprender porque "gostaria de ler".

Para colher as representações de si ligadas à leitura, foi solicitado que os sujeitos descrevessem a si próprios. De acordo com Perron (1991), todas as características com as quais o sujeito pode se definir (suas representações de si) são construídas como um conjunto de valores. Assim, considerou-se que as crianças que citavam a leitura ao se descrever (dizendo que eram boas leitoras ou que gostavam de ler) e/ou a incluíam no seu conjunto de atividades favoritas apresentavam representações de si positivas ligadas à leitura.

Discussão dos resultados

A primeira hipótese da pesquisa tratava da relação entre a presença de representações positivas de si como leitor e o desenvolvimento de habilidades superiores de leitura. Como se pode ver na Tabela 1: dos 13 alunos que apresentaram leitura fluente, 12 deles (92,3%) possuem representações positivas de si enquanto leitores; entre os que apresentaram leitura intermediária, esse percentual cai para 35,8% (10 entre 28 alunos); e entre os que apresentaram leitura incipiente – característica dos alunos ainda no início do ensino fundamental – esse percentual sobe para 57,14% (4 entre 7 alunos).

Tabela 1 – Distribuição das crianças quanto à habilidade de leitura e à presença de representações positivas de si como leitoras.

		Habilidade de leitura			Total
		Incipiente	Intermediária	Fluente	
Repres. positiva de si como leitor	Não apresenta	3	18	1	22
	Apresenta	4	10	12	26
Total		7	28	13	48

A aplicação de tratamento estatístico a esses dados (Teste de Mann-Whitney, $p= 0,022$) confirmou a hipótese de que a presença de representações de si como leitor e o desenvolvimento da habilidade em leitura estão relacionados de forma significativa nas crianças que compuseram a amostra.

A partir da observação desses dados, portanto, é possível inferir que a presença de representações positivas de si como leitor se relaciona fortemente à fluência na leitura, uma vez que a quase totalidade dos alunos fluentes apresenta esse tipo de representações.

De acordo com Perron (1991), as representações de si são construídas como conjunto de valores, e essa "configuração" pessoal de valores se liga à consciência que cada um de nós possui de "ser valor enquanto pessoa". De forma semelhante, Taylor (1997, p. 44) aponta que:

> Saber quem sou é uma espécie de saber em que posição me coloco. Minha identidade é definida pelos compromissos e identificações que proporcionam a estrutura ou o horizonte em cujo âmbito posso tentar determinar caso a caso o que é bom, ou valioso, ou o que deveria fazer ou aquilo que endosso ou a que me oponho.

Assim, segundo Perron e Taylor, para essas crianças que possuem representações positivas de si enquanto leitoras, podemos dizer que a leitura faz parte de seu conjunto de valores, é um dos elementos que compõem a sua identidade e um dos guias para sua ação.

Essa noção de que cada um de nós possui um conjunto de valores que guia as nossas ações, exposta por Taylor, pode ser relacionada com o conceito piagetiano de hierarquia de valores, segundo o qual o fato de a leitura ser um valor importante para as crianças possibilita-lhes a força de vontade necessária para se dedicarem a essa atividade com a frequência necessária para se tornar um leitor fluente.

Quanto aos alunos que apresentam representações positivas de si mesmos como leitores e se encontram em outros níveis de habilidade de leitura, podemos supor que a presença da leitura na hierarquia de valores desses sujeitos atua como mobilizadora de seu desenvolvimento como leitores, uma vez que, segundo Foucambert (1994), é a partir do estatuto de leitor (o fato de a leitura ser um valor, uma fonte de identificação) prévio e incondicional que cada sujeito desenvolverá a capacidade de exercê-lo, e que, segundo Smith (1999), um pré-requisito para se desenvolver como leitor consiste em ver a si próprio como tal, em se identificar com outros leitores.

Com isso retornamos, mais uma vez, a Piaget (1964/2002, p. 36), que considera que "em toda conduta, as motivações e o dinamismo energético provêm da afetividade, enquanto as técnicas e o ajustamento de meios empregados constituem o aspecto cognitivo (senso-motor ou racional)", e que "a afetividade [...] pode ser a causa de acelerações ou de atrasos no desenvolvimento da inteligência, pode perturbar seu funcionamento, modificar seus conteúdos, mas não pode nem engendrar nem modificar as estruturas".

Assim, o fato de essas crianças possuírem representações positivas de si como leitoras, que corresponde à presença de um estatuto, prévio e incondicional, de leitor – para Foucambert –, e se identificarem como leitoras – para Smith –, pode ser a causa de acelerações no desenvolvimento de sua habilidade de leitura, de acordo com Piaget.

A segunda hipótese se referia à relação entre a presença de representações positivas da leitura em si (ou seja, a concepção da leitura como uma atividade que é fonte de prazer para a criança) e o desenvolvimento da habilidade de leitura.

Podemos observar, nos dados organizados na Tabela 2, que a maioria das crianças que apresentaram fluência na leitura (9 crianças, 69,2% desse grupo) a representam como uma atividade que é fonte de prazer pessoal; já a maior parte das crianças que apresentaram um nível intermediário de leitura (21 crianças, 75% desse grupo) a concebem como uma atividade útil para o sucesso escolar; e, no caso das crianças com leitura incipiente, temos quantidades iguais de crianças que veem a leitura como algo prazeroso e útil (3 crianças – 42,85% – em cada um dos grupos).

129

Tabela 2 – Distribuição das crianças quanto à habilidade de leitura e à categoria de representação da leitura.

		Habilidade de leitura			Total
		Incipiente	Intermediária	Fluente	
Repres. da leitura	Fim em si	1	3	1	5
	Utilitária	3	21	3	27
	Prazer	3	4	9	16
Total		7	28	13	48

A aplicação de tratamento estatístico a esses dados (Teste de Kruskal-Wallis, $p = 0,114$) não confirmou a hipótese de que a presença de representações positivas da leitura e o desenvolvimento da habilidade em leitura estão relacionados de forma significativa nas crianças que compuseram a nossa amostra.

Entretanto, ainda que não se tenha encontrado significância estatística para a relação entre esses elementos, é oportuno discutir o modo como a maioria das crianças com leitura intermediária conceitualiza a leitura e a maneira como o fazem as crianças com leitura fluente. Dentre as crianças que apresentaram uma habilidade de leitura intermediária, e que, portanto, ainda encontram dificuldades na leitura, 75% a representam como um instrumento útil para o sucesso escolar. A ideia de instrumento remete a trabalho, a um meio de atingir objetivos e, de certa forma, então, a um esforço, a um dispêndio de energia em busca de bons resultados, de um bom desempenho. De forma quase que oposta, a maioria das crianças que apresentaram fluência na leitura (69,2%) a concebem como uma fonte de prazer, como uma forma de lazer, e, portanto, de descanso.

Podemos relacionar essa representação da leitura como algo prazeroso com a concepção de interesse para Piaget (1964/2002, p. 37):

O interesse apresenta-se, como se sabe, sob dois aspectos complementares. De um lado, é regulador de energia, como mostrou Claparède. Sua intervenção mobiliza as reservas internas de força, bastando que um trabalho interesse para parecer fácil e para que a fadiga diminua. [...] Mas, por outro lado, o interesse implica um sistema de valores, que a linguagem corrente designa como "interesses" (em oposição a "interesse") e que se diferenciam, precisamente, no decurso do desenvolvimento mental, determinando finalidades sempre mais complexas para a ação.

Assim, a leitura, como representa um real interesse para essas crianças, acontece para elas como uma fonte de prazer e não de trabalho ou fadiga. Além disso, vemos que, de acordo com Piaget (1964/2002, p. 38), esses interesses, por estarem ligados à atividade própria do sujeito, estão relacionados com a maneira como este vê a si próprio:

Aos interesses ou valores ligados à própria atividade estão ligados de perto os sentimentos de autovalorização: os famosos "sentimentos de inferioridade ou superioridade". Todos os sucessos e fracassos da atividade se registram em uma espécie de escala permanente de valores, os primeiros elevando as pretensões do sujeito e os segundos abaixando-as com respeito às ações futuras. Daí resulta um julgamento de si mesmo para o qual o indivíduo é conduzido pouco a pouco e que pode ter grandes repercussões sobre todo o desenvolvimento.

Essas repercussões que o sentimento de insucesso em situações de leitura acarretam para a criança são apontadas também por Kleiman (2001, pp. 8-9):

> Todos sabemos, hoje, que o bom leitor é aquele que lê muito e que gosta de ler, e concordaríamos em que o caminho para chegar a ser um bom leitor consiste em ler muito. Também sabemos que o fracasso contínuo desencoraja até o mais entusiasta – ninguém gosta de continuar fazendo aquilo que é difícil demais, que está além de sua capacidade. Evitamos e desistimos daquilo que marca uma história de fracassos; entretanto, esperamos que a criança que já tem uma história de fracassos em relação ao texto escrito leia e goste de ler.

Assim, a forma diferente com a qual crianças fluentes e crianças com leitura intermediária conceitualizam a leitura parece indicar a necessidade de avaliar de forma mais aprofundada como essas crianças que apresentam dificuldade na leitura se relacionam com ela, a fim de planejar situações desafiadoras mas possíveis de encontros com essa atividade, no sentido de reverter uma história de obstáculos e fracassos.

Por fim, a partir das formas antes descritas – com as quais afetividade e cognição se relacionaram nos processos pessoais de formação de leitores, vividos pelas crianças que participaram desta pesquisa –, pode-se concluir que a afetividade, expressa nas representações de si – uma vez que "as características que compõem a imagem que a pessoa se dá dela mesma são todas, [...] valorizadas" (Perron, 1991, p. 35) –, parece atuar como fator de energia das condutas. Isso porque, de acordo com os dados obtidos, a falta de representações positivas de si como leitoras está relacionada de forma significativa ao seu desenvolvimento na leitura. Pois é fato que a criança que apresenta leitura fluente quase sempre possui essas representações positivas.

DECORRÊNCIAS PEDAGÓGICAS

Acreditamos que uma das contribuições desta pesquisa é, justamente, destacar o papel que a afetividade desempenha no processo de formação do leitor (letramento), uma vez que os resultados encontrados revelam uma relação significativa entre habilidade de leitura, nível de recontagem e representações positivas de si como leitor. Pudemos observar, no capítulo anterior, que aqueles que se diferenciam dos demais por sua leitura fluente e recontagem interpretativa coincidem, quase sempre, com aqueles que se descrevem como leitores ou que citam a leitura entre as coisas de que mais gostam. Os resultados encontrados também indicam que a presença da leitura na hierarquia de valores pessoais, ou seja, o fato de o sujeito possuir representações de si ligadas à leitura, atua como mobilizador do desenvolvimento de habilidades cognitivas de leitura. Pois, a presença dessas representações também precede à construção de maior habilidade de leitura, sendo encontrada numa proporção menor de crianças, o que indica, possivelmente, a existência de um movimento de formação.

E identificar o elemento afetivo – através das representações de si ligadas à leitura – como mobilizador desse processo de formação nos leva a pensar no processo de gênese dessas representações. De acordo com Perron (1991), existe uma "aprendizagem" de valores e condutas mais comumente aceitos na sociedade – mais especificamente, segundo Compas (1991), na família, bairro e escola da criança –, o que não é, entretanto, sinônimo de alienação. Isso porque, segundo Perron, o sistema pessoal de valores e as representações de si são elaborados através de uma busca constante de equilibração dos conflitos entre desejos pessoais e constrangimentos sociais. E "a dinâmica desses processos, e do desenvolvimento que eles impulsionam, é extremamente complexa; graças a essa complexidade mesma, a pessoa se constrói dentro das vias que lhe são próprias, o que deixa campo à sua liberdade" (Perron, 1991, p. 41).

Assim, a criança constrói suas representações de si a partir das diferentes valorizações que faz dos objetos com os quais interage e das práticas que vivencia. O que confere extrema importância ao processo de letramento anterior à alfabetização, que se dá através do contato da criança com o mundo letrado na educação infantil – ouvindo o professor ler contos, poemas, notícias etc., trocando impressões sobre essas leituras, indicando livros para os colegas, enfim, participando de práticas de leitura –, já que a partir da alfabetização a presença de representações de si ligadas à leitura lhe possibilitará maior investimento pessoal de energia para que se torne uma leitora fluente.

Também é fundamental pensar uma educação que valorize o contato com livros e o intercâmbio entre leitores, que aproxime as crianças do uso das bibliotecas escolares públicas, a fim de possibilitar ao maior número possível de crianças as condições afetivas e cognitivas para que possam fazer parte, efetivamente, do mundo leitor.

REFERÊNCIAS BIBLIOGRÁFICAS

CASTANHO, Ana Flavia Alonço. *A formação do leitor*: aspectos afetivos e cognitivos. São Paulo, USP, Instituto de Psicologia, 2005. (Dissertação de Mestrado.)

CHAUÍ, M. Ler é suspender a passagem do tempo. *Livraria Cultura News*, n. 112, p. 8, out. 2003.

COMPAS, Yves. Représentations de soi et réussite scolaire. In: PERRON, Roger (org.). *Les représentations de soi*. Toulouse: Privat/ Centre Régional des Lettres de Midi-Pyrénées, 1991.

DE SOUZA, M. T. C. C. Desenvolvimento cognitivo e reconstituições de contos de fadas. Boletim de Psicologia, São Paulo, vol. I, n. 113, pp. 1-19, 2001.

FERREIRO, E.; TEBEROSKY, A. *Psicogênese da língua escrita*. Porto Alegre: Artes Médicas Sul, 1999.

FOUCAMBERT, Jean. *A leitura em questão*. Porto Alegre: Artmed, 1994.

GOODMAN, Ken S. Unity in Reading. In: PUWES, A. C.; NILES, O. *Becoming Readers in a Complex Society*: Eight-third Yearbook of the National Society for the Study of Education. Chicago: The University of Chicago Press, 1984.

_____. O processo de leitura: considerações a respeito das línguas e do desenvolvimento. In: FERREIRO, E.; GOMEZ PALACIO, M. *Os processos de leitura e escrita*: novas perspectivas. Porto Alegre: Artes Médicas, 1987.

_____. *Introdução à linguagem integral*. Porto Alegre: Artmed, 1997.

INHELDER, Barbel; PIAGET, Jean. *Da lógica da criança à lógica do adolescente*. São Paulo: Pioneira, 1970/1976.

INSTITUTO PAULO MONTENEGRO – Ação Social do Ibope e da ONG Ação Educativa. *3º Indicador nacional de alfabetismo funcional*, 2003. Disponível em: <http://www.lpp-uerj.net/olped/pesquisas/0023.pdf>. Acesso em: 20 abr. 2004.

KLEIMAN, Angela (org.). *Os significados do letramento*. Campinas: Mercado de Letras, 1995.

_____. *Leitura: ensino e pesquisa*. 2. ed. Campinas: Pontes, 2001.

_____. *Oficina de leitura*: teoria e prática. 8. ed. Campinas: Pontes, 2001b.

_____. *Texto & leitor*: aspectos cognitivos da leitura. 8. ed. Campinas: Pontes, 2002.

MANGUEL, A. *Uma história da leitura*. São Paulo: Companhia das Letras, 1997.

MINDLIN, J. Loucura mansa. In: SILVEIRA, J.; RIBAS, M. (org.). *A paixão pelos livros*. Rio de Janeiro: Casa da Palavra, 2004.

PERRON, Roger. La valeur de soi. In: _____ (org.). *Les représentations de soi*. Toulouse: Privat/Centre Régional des Lettres de Midi-Pyrénées, 1991.

PIAGET, Jean. *Seis estudos de psicologia*. Rio de Janeiro: Forense Universitária, 1964/2002.

SMITH, Frank. *Leitura significativa*. Tradução: Beatriz Affonso Neves. 3. ed. Porto Alegre: Artmed, 1999.

TAYLOR, Charles. *As fontes do self*. São Paulo: Loyola, 1997.

5. Transtorno de Déficit de Atenção e Hiperatividade: percursos diferenciados de desenvolvimento

*Camila Tarif Ferreira Folquitto**

INTRODUÇÃO

Muitos são os desafios com os quais um professor se depara em sua rotina diária na sala de aula: os métodos de ensino e aprendizagem, o gerenciamento da classe, a questão da moralidade, os conflitos entre alunos etc. Trabalhar na área da Educação envolve necessariamente o contato com múltiplas subjetividades; afinal, não existe um "método pedagógico milagroso", uma fórmula que possa ser usada nas relações com todos os alunos. Nesse sentido, o bom professor é um criador, pois deve estar sempre atento para novas formas de reinventar seu próprio trabalho, questionando e buscando a melhor maneira de lidar com cada classe, cada aluno em especial.

Entre os muitos enfrentamentos que os educadores encontram em suas trajetórias, certamente um questionamento em especial os acompanha e renova-se a cada experiência diária. Trata-se daquelas crianças que apresentam alguma dificuldade em aprender. Este é um tema amplamente discutido, e que envolve necessariamente a consideração de múltiplos fatores (sociais, biológicos, sociológicos, psicológicos) para seu entendimento. Porém, há casos em que são necessárias

---

* Psicóloga, mestre e doutoranda em Psicologia Escolar e do Desenvolvimento Humano pela USP. Atua na área acadêmica, clínica e escolar.

maiores considerações, principalmente no que diz respeito a crianças que apresentam diagnóstico de transtornos psicológicos ou psiquiátricos que podem prejudicar o desempenho escolar, como é o caso do Transtorno de Déficit de Atenção e Hiperatividade (TDAH).

Certamente não pretendemos esgotar o tema neste capítulo, ou abordá-lo de maneira unilateral, mas propor novas reflexões sobre o assunto, a partir de temas provenientes de teorias da Psicologia do Desenvolvimento.

O ambiente escolar, por ser mais estruturado e exigir mais disciplina, costuma ser o local no qual alguns sintomas se tornam mais evidentes, e é comum que essas crianças apresentem também dificuldades escolares. Entretanto, é importante frisar que a dificuldade escolar não deve ser exclusivamente um critério determinante para o diagnóstico do TDAH, como erroneamente isso tende a ocorrer. Nesse sentido, é importante a realização de um diagnóstico clínico que leve em consideração o contexto cultural e social da criança, para que não ocorra a "patologização" de um problema escolar (Moysés & Collares, 1992).

A Psicopatologia da Infância e Adolescência é uma área de conhecimento multidisciplinar, composta de conhecimentos da Psicologia, Neurologia e Psiquiatria, que procura compreender, diagnosticar e tratar transtornos psíquicos nessa população. Inicialmente, os sintomas apresentados por crianças e adolescentes eram compreendidos em função das categorias diagnósticas elaboradas para adultos. A criança, nessa concepção, era vista como um "adulto em miniatura", não existindo uma área do conhecimento específica para a compreensão de distúrbios em crianças. O desenvolvimento (físico, motor, psicológico, cognitivo e afetivo) infantil era pouco considerado, sendo o comportamento o principal fator observado, ou seja, o diagnóstico era realizado em função de comportamentos considerados desviantes em relação a um padrão normativo.

Atualmente, qualquer diagnóstico deve ser realizado por meio de uma anamnese[1] adequada, que inclui questionamentos direcionados não somente aos pais, mas também à própria criança (que, afinal, é quem melhor pode relatar seus sentimentos) e a seus professores, que, juntamente com os pais, são bons observadores dos comportamentos e atitudes objetivas das crianças, podendo compará-los com os comportamentos dos demais alunos e mensurar a intensidade de tais manifestações.

Entretanto, é preciso considerar que boa parte dos sintomas presentes no diagnóstico dos principais transtornos psiquiátricos em crianças está presente, em certo grau, na população infantil como um todo. A maioria das crianças já sentiu um "frio na barriga" antes de uma competição esportiva ou durante a apresentação de algum trabalho, ou estava "no mundo da lua" enquanto ouvia a explicação da professora, ou, ainda, estava tão agitada que nada podia acalmá-la, mas nem por isso dizemos que elas possuem um Transtorno de Ansiedade ou um TDAH.

Nesse sentido, é preciso bastante cautela, especialmente por parte daqueles que lidam diretamente com crianças, como professores, psicólogos, médicos etc., a fim de evitar rótulos, por um lado, e também para que crianças que possuem algum transtorno não sejam erroneamente consideradas preguiçosas, indisciplinadas ou sem motivação para aprender. Fica evidente que estamos tratando de um assunto de extrema complexidade, no qual a diferença entre a patologia e a normalidade muitas vezes é definida por uma linha muito tênue e inconstante. Em outras palavras, realizar qualquer

---

[1] Modalidade de entrevista clínica que tem como objetivo coletar dados da história pregressa do paciente, auxiliando no diagnóstico.

diagnóstico a uma criança ou adolescente é certamente uma tarefa de grande responsabilidade, tanto quanto deixar de diagnosticar uma criança que necessita de auxílio.

Para que tais equívocos possam ser evitados, é preciso associar à observação clínica e aos relatos da criança, dos pais e professores, conhecimentos que transcendam a esfera de observação comportamental do momento presente, e que considerem a criança, em seus comportamentos, sentimentos, desejos e pensamentos, como um ser em desenvolvimento, dentro de um *continuum* espacial e temporal. Ou seja, a criança é um sujeito marcado por seu contexto social e sua história de experiências, tanto as já vividas, como também as que ainda irá viver.

A partir dessas considerações, tornam-se necessárias pesquisas na área da Psicopatologia da Infância e Adolescência que contemplem aspectos do desenvolvimento infantil, a fim de estabelecer um ponto de corte para o que seria considerado sintomático dentro de cada faixa etária.

O TDAH é um dos distúrbios mais comuns na infância e uma das principais causas de procura nos ambulatórios de saúde mental infantil do Brasil (Vasconcelos, 2005; Rohde et al., 2004). Estima-se que aproximadamente 3% a 6% das crianças no Brasil possuam este transtorno (Rohde et al., 1999). Crianças com TDAH apresentam comportamentos que expressam intensa agitação, desatenção e impulsividade. Frequentemente não conseguem sentar-se em suas cadeiras na sala de aula, interrompem os professores a qualquer momento, perdem seus materiais escolares e outros objetos de grande importância, não em eventos esporádicos, mas de forma consistente e mal adaptativa (ao menos uma vez por semana, ou mais, por exemplo). Além disso, envolvem-se em diversas atividades ao mesmo tempo, mas sem conseguir terminar nenhuma delas. Muitas vezes, mesmo estudando muito para uma prova, não conseguem realizá-la com sucesso, porque, devido à desatenção, acabam confundindo os enunciados das questões, ou deixam questões incompletas e em branco. Essas atitudes acarretam dificuldades no desempenho escolar, e até mesmo no contato social com outras crianças, pois, devido à impulsividade, muitos pacientes não conseguem se relacionar adequadamente (já que muitas vezes não respeitam as regras de um jogo, não conseguem esperar a sua vez de jogar, interrompem os colegas etc.). Portanto, o impacto do TDAH vai além das dificuldades escolares, acarretando problemas sociais e emocionais para a criança.

É preciso cautela para não confundir esses comportamentos com uma mera indisciplina, "bagunça", visto que comumente essas crianças não conseguem frear suas atitudes, mesmo sendo advertidas e por diversas vezes sofrendo retaliações, como advertências, suspensões e notas baixas.

Um desafio para o diagnóstico é o fato de que a hiperatividade e o déficit de atenção, principais sintomas do TDAH, são aspectos dimensionais na população, ou seja, manifestam-se em menor intensidade no comportamento de crianças e adultos de um modo geral. Levy (1997, apud Rohde & Halpern, 2004) sugeriu que o TDAH pode ser entendido como um extremo de comportamento dentro de um *continuum* variável geneticamente em toda a população. Assim, é necessário especial cuidado para estabelecer um ponto de corte no qual esses sintomas poderiam ser classificados como uma entidade clínica.

Rohde et al. (2004) enumeram alguns fatores a serem considerados durante o diagnóstico. A presença do sintoma em apenas um contexto pode indicar uma dificuldade específica, de adaptação escolar ou familiar, por exemplo, e não necessariamente um transtorno. E, ainda que o sintoma persista, sintomas únicos de TDAH, ou combinações de sintomas, possuem pouco valor diagnóstico se tomados isoladamente. Deve-se considerar também se houve um desencadeante psicossocial para os sintomas (como separação dos pais, morte de um ente querido etc.), pois, neste caso, o diagnóstico de TDAH tende a ser descartado.

Entre as possíveis causas desse transtorno, diversas hipóteses têm sido consideradas. Além dos fatores genéticos, estudos na área de Neuropsicologia[2] evidenciam que crianças com TDAH possuem alterações nas funções cerebrais responsáveis pela execução de comportamentos autônomos e voltados para um fim específico. Em outras palavras, possuem dificuldades em planejar suas ações e antever as consequências de seus atos. Em função desses déficits, agem por impulso, não conseguindo inibir os comportamentos mais imediatos em favor de um processo reflexivo que poderia, dessa maneira, conduzir a atitudes mais adequadas para o momento.

Nesse sentido, além do tratamento medicamentoso que, em linhas gerais, promove melhora na capacidade da criança em focar a atenção, atualmente formas alternativas e complementares de intervenção estão sendo consideradas, a fim de melhorar as capacidades cognitivas das crianças. O professor pode atuar como um auxiliar nesses casos, incentivando a criança a elaborar estratégias e planejar seus estudos, por meio de calendários, agendas etc.

A epistemologia genética, como é conhecida a teoria de Jean Piaget, é uma teoria que, entre outros objetivos, busca explicar a gênese do conhecimento humano. No conjunto de sua obra, Piaget buscou compreender como se dá a aquisição de conhecimento, a maneira como a criança distingue a realidade externa da interna, as formas de explicação que constrói para entender o mundo e, com isso, desenvolver-se quanto às suas capacidades cognitivas e afetivas. Por essas características, a teoria piagetiana constitui-se como uma ferramenta importante para compreendermos o desenvolvimento

---

[2] Ciência que estuda as relações entre o cérebro e o comportamento humano.

infantil, em seus aspectos afetivos, cognitivos e morais, e, a partir dessa teoria, desenvolver estratégias que facilitem e potencializem o desenvolvimento das crianças de um modo geral, bem como daquelas com algum tipo de transtorno.

ALGUMAS CONSIDERAÇÕES SOBRE A TEORIA PIAGETIANA

A teoria dos estágios de desenvolvimento

Para Piaget (1926), existiriam duas questões principais no estudo da Psicologia da Criança: a questão da realidade, ou seja, a maneira como, a partir de sua experiência, a criança adquire capacidades que lhe permitem pensar sobre as coisas que a cercam, e o problema da causalidade, isto é, como as crianças buscariam as explicações para o que ocorre no mundo.

Assim, Piaget realizou muitas entrevistas com crianças, na tentativa de analisar mais profundamente as crenças infantis. Em *A representação do mundo na criança* (1926), partindo da observação das perguntas espontâneas feitas pelas crianças, Piaget desenvolveu o método clínico, que consiste no equilíbrio entre a observação pura e a entrevista dirigida, pois é preciso deixar a criança falar, saber observá-la, porém, sempre com um objetivo em mente, com uma hipótese a ser ou não confirmada.

Dessas observações, Piaget elaborou uma teoria que, entre outros aspectos, contempla estágios do desenvolvimento infantil, tendo como foco principal o modo como, progressivamente, a criança, ao buscar compreender o mundo e as coisas ao seu redor, constrói capacidades cognitivas e afetivas que possibilitam um avanço em seu desenvolvimento. Assim, o Construtivismo, tão associado aos escritos piagetianos, corresponderia a esse mútuo crescimento, a essa interação da criança com o ambiente, que, ao construir conhecimento, acaba descobrindo a si mesma e desenvolvendo suas capacidades.

Assim, a teoria piagetiana configura-se também como uma ferramenta útil para a compreensão de crianças com transtornos cognitivos, dificuldades de concentração e planejamento, como é o caso de crianças com TDAH. Pesquisas atuais apontam que, quando comparadas a crianças sem nenhum diagnóstico, aquelas apresentam as mesmas características e sucessões de etapas em seu desenvolvimento cognitivo, porém ocorrendo de maneira mais lenta. Os resultados de crianças com TDAH em baterias neuropsicológicas podem ser comparados aos de crianças mais novas não diagnosticadas (Barkley, 1997). Portanto, a teoria piagetiana será utilizada somo suporte teórico para compreender as "lacunas de desenvolvimento" presentes em crianças com TDAH.

Ao conquistar uma etapa do desenvolvimento, o sujeito tende a utilizar essas capacidades recém adquiridas predominantemente em suas ações; entretanto, isso não significa que não possa haver "retornos" a estágios anteriores, especialmente em casos onde ocorram algumas dificuldades de ordem afetiva, como nervosismo, falta de motivação etc. A dinâmica do desenvolvimento é influenciada por múltiplos fatores, como a maturação do sistema nervoso, a experiência, as interações sociais, a equilibração e, em especial, os fatores afetivos. Para Piaget, toda conduta é uma e pressupõe uma estrutura e uma dinâmica. Afetividade e inteligência são, portanto, aspectos irredutíveis e inseparáveis em qualquer ação.

> Sustentar-se-á, eventualmente, que os fatores dinâmicos fornecem a chave de todo desenvolvimento mental, e são, afinal de contas, as necessidades de crescer, afirmar-se, amar e ser valorizado que constituem os motores da própria inteligência,

tanto quanto das condutas em sua totalidade e em sua crescente complexidade (Piaget, 1969/1974, p. 135).

A utilização da teoria piagetiana na compreensão de transtornos no desenvolvimento da criança

Barbel Inhelder, uma das principais colaboradoras dos trabalhos de Piaget, em pesquisa realizada com deficientes mentais ("oligofrênicos"), por meio de provas operatórias, constatou que o raciocínio desses pacientes era, em grande parte, semelhante ao da criança pequena, pré-operatória. E, quanto maior o nível de comprometimento cerebral, menor a presença de deduções e agrupamentos lógicos. Segundo Ramozzi-Chiarottino (2002), o trabalho de Inhelder foi extremamente importante para o modelo teórico piagetiano, pois, ao demonstrar que, sem as condições orgânicas necessárias para o desenvolvimento, não poderiam ocorrer os agrupamentos mentais responsáveis pela organização da ação e do discurso, tal pesquisa acabou por falsear o modelo proposto por Piaget, enriquecendo-o e demonstrando que a aquisição de conhecimento não depende somente dos conteúdos com os quais o sujeito tem contato, mas também de suas condições cognitivas prévias à experiência.

Nós teríamos nesse trabalho uma prova indireta de que a construção operatória não é unicamente um produto cultural, elaborado em função das inter-relações sociais, e de que suas leis de construção (cujo processo inverso nós vemos nos casos de demência senil) parecem depender, de maneira mais ou menos estreita, das leis que regulam a integração cortical (Inhelder, 1943, apud Ramozzi-Chiarottino, 2002).

Considerando, a partir da teoria de Jean Piaget, que a criança, através de suas estruturações mentais e do contato com o ambiente, atribui significado ao mundo a sua volta, abstraindo da experiência relações que lhe permitem adquirir noções adequadas de realidade, Ramozzi-Chiarottino (1984) elaborou a hipótese de que crianças com dificuldades graves de desenvolvimento e aquisição de conhecimento deveriam ter um déficit em algum elemento, ou em determinado momento do desenvolvimento cognitivo. Em diversos trabalhos realizados, ele estudou crianças que não se encaixavam numa conceitualização diagnóstica, com dificuldades na linguagem, no contato social, ou aprendizado escolar. Constatou, nos casos estudados, três dificuldades principais. A primeira delas, mais frequente, foi uma não construção das noções espaçotemporais e causais, o que impediria uma representação adequada da realidade, ocasionando em retardo na linguagem e no discurso. Esse déficit na linguagem limitava a comunicação da criança, o que agravava ainda mais o problema das trocas simbólicas com o mundo. A organização do pensamento era caótica, e as imagens mentais eram estáticas, limitadas à ação, e não representadas em conceitos.

Um segundo tipo de dificuldade, semelhante à primeira, também decorreria de uma construção inadequada das noções de realidade, principalmente no estabelecimento dos vínculos causais. Nesses casos, uma estimulação imagística e representacional exagerada, em detrimento da experiência concreta, conduziria a uma confusão entre a realidade em si e sua representação, entre a fantasia e a realidade. Ramozzi-Chiarottino denominou esses casos de "neurose cognitiva", pois, apesar de a capacidade de representação cognitiva estar presente, não atuaria adequadamente no desenvolvimento de novas aquisições.

Crianças com uma organização do real adequada através de imagens, mas que não foram solicitadas, em seu meio, a estruturar essas representações em categorias de pensamento, constituem o terceiro grupo estudado. Apresentavam uma dificuldade extrema em se referir ao passado e ao futuro, tornando-se "prisioneiras do presente" (Ramozzi-Chiarottino, 1984). Esse grupo era constituído, em sua maioria, por crianças vivendo em péssimas condições financeiras e sociais.

O trabalho empreendido por Ramozzi-Chiarottino e seus colaboradores tinha como objetivo tentar refazer as trajetórias de desenvolvimento da criança, desde os períodos iniciais, buscando uma reconstrução adequada das categorias espaçotemporais e causais, estruturantes da realidade (Ramozzi-Chiarottino, 1984).

Affonso (1994) ressaltou a importância do estudo das noções espaçotemporais e causais para o diagnóstico clínico, através da observação ludodiagnóstica. A ludoterapia clássica, ainda que eficaz, não seria suficiente para crianças com dificuldade de representação do mundo, tanto para o diagnóstico quanto para a intervenção necessária para esses pacientes. Muitos casos considerados "complicados e de difícil diagnóstico" seriam resultado de uma má aquisição das noções espaçotemporais e causais, que, por sua vez, poderiam ser causadoras de sérios problemas afetivos decorrentes de uma apreensão do real deficitária. Seria preciso, logicamente, considerar tanto o âmbito afetivo quanto o cognitivo como um todo indissociável, mas a relevância principal desse trabalho consiste justamente em demonstrar a importância da observação das noções espaçotemporais e causais como um elemento essencial e necessário no psicodiagnóstico, e que costuma ser negligenciado.

Bris, Gerard & Adrien (1999) pesquisaram o desempenho de crianças com distúrbios de linguagem em provas operatórias de conservação, relacionando o desenvolvimento do pensamento operatório com os processos de aquisição da linguagem. Lourenço (1993) analisou a hipótese de que o desenvolvimento de comportamentos pró-sociais estaria relacionado com a teoria da equilibração de Piaget, a avaliação custo/ganho e a transição do pensamento pré-operatório para o operatório concreto. Analisando dados de crianças com idade entre 7 e 10 anos, em tarefas de um dilema social, o estudo mostrou que, com o aumento da idade, as crianças tendiam a considerar os atos sociais mais em termos do ganho que proporcionavam, desconsiderando seu custo; o que está positivamente relacionado com a evolução do pensamento pré-operatório para o operatório, como propôs Piaget.

Especificamente sobre o TDAH, que é um dos transtornos mais frequentes em crianças em idade escolar, e uma das principais causas de procura em ambulatórios de saúde mental (Vasconcelos, 2005; Rohde & Halpern, 2004), algumas pesquisas procuraram relacionar o nível de desenvolvimento da criança e os sintomas apresentados. Brown et al. (1985), em estudo com 34 crianças com idade média entre 7 e 8 anos (em que 17 eram diagnosticadas com Distúrbio de Déficit de Atenção e as demais não preenchiam diagnóstico para nenhum transtorno), apresentaram às crianças duas provas operatórias clássicas de Piaget: Conservação de Quantidades Contínuas ("Prova das Fichas") e Conservação de Quantidades Descontínuas ("Prova da Massinha"). Os grupos obtiveram resultados semelhantes nos quocientes de inteligência medidos pelo WISC-R, mas, em relação ao patamar de desenvolvimento medido pelas provas operatórias, no grupo diagnosticado com DDA, a proporção de crianças que tiveram um raciocínio não conservatório em suas respostas era significativamente maior que o grupo controle. Tais resultados, segundo os pesquisadores, reforçam a hipótese de um atraso no desenvolvimento das noções conservatórias em crianças com déficit de atenção.

Borden et al. (1987) – em pesquisa com o objetivo de examinar se haveria influência do nível de desenvolvimento cognitivo da criança sobre a eficácia da terapia comportamental e do treino cognitivo proposto para 29 crianças com diagnóstico de Distúrbio de Déficit de Atenção (segundo o DSM – III) e idades entre 6 e 11 anos – também realizaram as provas de Conservação de Quantidades Contínuas e a prova de Conservação de Quantidades Descontínuas. Além disso, em toda a amostra foi utilizado o WISC-R, a escala de Conners (Conners, 1976), com o intuito de medir os níveis de hiperatividade, e a MFFT (Cairns & Cammock, 1978), escala que avalia níveis de impulsividade. Diferentemente da hipótese inicial de Borden e seus colegas, as crianças que mais foram beneficiadas da terapia proposta foram aquelas que, nas provas operatórias, tiveram suas respostas classificadas em não conservatórias ou transicionais. Segundo os pesquisadores, uma hipótese explicativa para os resultados seria a de que, para essas crianças que apresentavam atrasos nas aquisições de habilidades cognitivas, a terapia proposta representava uma possibilidade de avanço no desenvolvimento.

Um segundo resultado interessante obtido nessa pesquisa foi a relação encontrada entre os níveis de impulsividade medidos pela MFFT e o tipo de argumentação (conservadora ou não conservadora) dada pelas crianças nas provas piagetianas. O desenvolvimento das habilidades operatórias, medido aqui através da capacidade de conservação de número de substância, influenciou diretamente na melhora dos sintomas de impulsividade nas crianças da amostra (Borden et al., 1987).

Mais recentemente, Campos (2007) investigou as estruturações cognitivas de uma amostra de cinquenta crianças brasileiras, com idade entre 7 e 14 anos. Metade da amostra era composta de crianças com TDAH (dos três subtipos previstos pelo DSM-IV) que não estavam utilizando nenhuma medicação no momento; o restante compôs o grupo controle, com crianças de mesma idade e escolaridade. Foram realizadas, através do método clínico de Piaget (1926), as provas de Conservação de Quantidades Contínuas e Conservação de

Quantidades Descontínuas. Foi observada diferença estatisticamente significativa entre os resultados dos grupos: crianças com TDAH tenderam a ser classificadas com maior frequência num nível de desenvolvimento inferior ao esperado para sua idade, devido ao maior número de respostas não conservadoras dadas por essas crianças às situações das provas utilizadas.

A partir desses trabalhos, podemos concluir que existem evidências de que crianças com TDAH apresentam atrasos em seu desenvolvimento quando comparadas com crianças sem nenhum diagnóstico psicológico e/ou psiquiátrico. Entretanto, tais atrasos ainda não foram estudados de maneira sistemática, com o intuito de delimitar com maior clareza em quais aspectos o desenvolvimento dessas crianças estaria prejudicado, e se existiriam regularidades de déficits nas crianças com esse diagnóstico, isto é, dificuldades comuns a toda a população estudada. Além disso, é de extrema importância relacionar esses atrasos encontrados com as hipóteses existentes hoje em dia para explicar a dinâmica do TDAH.

A capacidade de pensar antes de agir, de refletir sobre diversas possibilidades e antecipar, em pensamento, as consequências dos atos promove um avanço intelectual para a criança, que pode assim rever seus conceitos morais, suas preferências e interesses. O pensamento operatório, por ser lógico, é reversível, estável e conserva-se num sistema coeso. Isso permite que a criança possa avaliar objetivamente suas próprias atitudes.

Uma importante construção, concomitante à do pensamento operatório, foi o que Piaget denominou "força de vontade". A força de vontade é uma regulação entre duas tendências do indivíduo: uma forte, mais imediata (por exemplo, ir para a praia tomar sorvete num dia de calor), e outra inicialmente fraca, não tão imediatamente apreensível (por exemplo, estamos num dia útil, trabalhando num projeto importante que não podemos parar). A força de vontade seria então essa capacidade regulatória, proporcionada pelo pensamento operatório que hierarquiza os interesses e vontades do sujeito numa escala de valores, fazendo com que a tendência inicialmente mais fraca (que, no entanto, se configura como mais importante na escala de valores do indivíduo) possa triunfar sobre a tendência aparentemente mais forte (Piaget, 1953/1954).

Portanto, dentro dessa teoria, uma possível hipótese explicativa para os sintomas descritos em crianças com TDAH seria que o desenvolvimento das capacidades operatórias nessas crianças poderia estar atrasado, dificultando os processos reflexivos e de regulação dos interesses e vontades. A capacidade de inibir os comportamentos poderia ser entendida, dentro dessa concepção, como relacionada ao pensamento operatório (Folquitto, 2009).

Percursos diferenciados de desenvolvimento: a construção das noções espaçotemporais e causais em crianças com TDAH

Desde o início do desenvolvimento, as categorias de objeto, de espaço, da causalidade e do tempo estão presentes na apreensão da realidade pela criança, ainda que inicialmente na forma de categorias práticas, relacionadas diretamente à ação, e não como noções de pensamento, como se constituirão posteriormente, quando da conquista do pensamento operatório. Essas noções foram muito estudadas por Piaget e seus colaboradores por meio das provas operatórias, um conjunto de experiências que permitiu delinear e situar essas categorias dentro da teoria do desenvolvimento piagetiano, estando estritamente ligadas, no nível representacional, à constituição do pensamento operatório.

A construção da noção de objeto inicia-se no período sensório-motor, e está intimamente ligada à noção espacial.

Nesse período, há tantos espaços possíveis quanto domínios sensoriais (tátil, visual, bucal etc.), pois estes não são coordenados entre si, tampouco existe uma noção de objeto total e permanente dentro desse espaço. A construção da noção de objeto permanente conduz a um salto qualitativo na experiência do bebê, permitindo que, para além do domínio da sensorialidade pura, ele possa contar com a apreensão dos objetos num espaço determinado e contínuo, que persiste no tempo, ultrapassando o domínio visual.

Nos períodos subsequentes, a noção de objeto vai se constituir através de suas quantidades físicas, como a noção de substância, de peso e de volume. Piaget demonstrou que as noções de conservação de objeto se iniciam através da noção de conservação de substância, conquistada por volta dos 7-8 anos, aproximadamente. A conservação de substância é demonstrada quando, por exemplo, em uma prova na qual uma bolinha de barro, ou massinha, é transformada em uma salsicha, e posteriormente dividida em várias partes, a criança consegue afirmar que a quantidade de massinha não se altera, mesmo com as deformações em seu formato. Essa noção conservativa será condição necessária para que, posteriormente, a criança consiga afirmar que o peso das bolinhas também é conservado, ou seja, apesar de diversas transformações, o peso da massinha não será alterado. A noção de conservação do peso é atingida por volta dos 9-10 anos.

Em relação à noção de volume, ela só é conquistada mais tarde, aproximadamente aos 11 anos. Piaget e seus colaboradores realizaram várias experiências para verificar essa noção. Na experiência da bolinha de massinha, por exemplo, pode-se pegar a bolinha e a salsicha (ambas de mesmo peso), ou substituir a bolinha por outra de peso diferente, e colocá-las em cilindros com a mesma quantidade de água, pedindo à criança previsões a respeito do nível da água: se este se elevará ou não, se continuará no mesmo nível etc.

Inicialmente, a criança afirma que, entre objetos de pesos diferentes, porém de igual volume, o objeto mais pesado deslocará o maior nível de água quando imerso num líquido qualquer. Progressivamente, ocorre uma dissociação da noção de peso, e ela consegue compreender que objetos feitos de diferentes substâncias e pesos podem ter o mesmo volume. Assim, adquire a construção de um invariante, característica do pensamento operatório.

Segundo Piaget & Inhelder (1962/1975, pp. 343-344),

> a conservação de quantidades, trate-se de substância, peso ou volume, supõe ao mesmo tempo as composições das equivalências e as composições aditivas aqui estudadas, mas, naturalmente, enquanto adições puramente físicas, e que as invariantes assim construídas constituem uma vitória da reversibilidade operatória sobre a passagem das coisas.

De maneira geral, inicialmente ocorre uma ausência de conservação, sucedida de uma noção intuitiva, que, conforme a experiência, caminha para uma transição entre a indução e a dedução propriamente dita, relacionada com o pensamento operatório.

Em relação à noção de tempo, Piaget (1946) afirma que ela constitui, juntamente com a noção de espaço, um todo indissociável, sendo a noção de tempo nada mais que a apreensão da coordenação dos movimentos. Na compreensão dos objetos e seus deslocamentos, poderíamos falar que o espaço é um momento tomado sobre o curso do tempo, e este é o espaço em movimento. Assim, as relações temporais não são intuições diretas feitas pelos sujeitos, tampouco meros esquemas intelectuais: o tempo seria a coordenação operatória dos próprios movimentos, em termos de sucessão, simultaneidade e duração.

Dessas afirmações, temos que a causalidade é consequência da noção de tempo: as noções causais são a apreensão das coordenações espaçotemporais dos movimentos. Para testar essa hipótese, uma das experiências feitas por Piaget consistiu em mostrar imagens simples, que compunham uma pequena história, para crianças de diferentes idades, pedindo que elas seriassem as imagens na ordem de sucessão que julgassem ser a correta. Nas crianças até 7 anos, observou-se que compunham histórias sem haver uma temporalidade bem definida: são capazes de ordenar as imagens compondo uma história, porém, quando uma dessas era trocada de lugar, não são capazes de criar uma nova história, contemplando as mudanças temporais e causais necessárias. É somente após a conquista do pensamento operatório que a criança será capaz de realizar uma sequência irreversível dos acontecimentos, já que ela supõe a reversibilidade do pensamento. Afinal, é preciso conceber a sequência dos acontecimentos da história nos dois sentidos, para que seja possível efetuar mudanças.

Então, é somente e concomitantemente ao domínio do pensamento operatório que as noções de apreensão da realidade se tornam possíveis no nível representacional. Portanto, a criança só poderá ter uma visão objetiva e realística do mundo, inferindo relações causais entre as coisas, com a construção adequada dessas noções, que culmina com o desenvolvimento da noção operatória de tempo.

Portanto, as noções espaçotemporais e causais são construções cognitivas fundamentais para que a criança possa estabelecer as relações entre as coisas, e a organização do mundo para si mesma (em seus aspectos internos e externos), e, consequentemente, são pré-requisitos para a compreensão dos conteúdos ensinados em sala de aula. Especialmente para alunos das séries iniciais do Ensino Fundamental, é importante que os professores possam observá-los na aquisição das noções espaçotemporais e causais, e também atuem como facilitadores para o seu desenvolvimento, propondo atividades lúdicas, como jogos e exercícios que partam do mundo concreto para estruturarem a experiência real da criança.

Para que a criança adquira a capacidade reflexiva de maneira adequada, isto é, para que consiga "pensar antes de agir", antevendo, em pensamento, as consequências de seus atos, é preciso recuperar os eventos passados, à luz dos acontecimentos presentes, para tomar uma decisão acertada, prevendo as consequências futuras. Para que essas habilidades reflexivas ocorram, é necessário que a criança tenha uma coordenação adequada da sequência dos movimentos, e, dessas coordenações, possa captar as relações de causa e efeito existentes entre as coisas. O aspecto necessário para a organização das sequências dos movimentos, e, por conseguinte, formador das relações causais, é o tempo, enquanto noção construtora do real para o indivíduo.

Folquitto (2009) procurou estudar as relações entre a constituição do pensamento operatório e os sintomas apresentados por crianças com TDAH, tendo como foco principal a construção da noção temporal em crianças com TDAH, e, ainda, os possíveis efeitos das medicações psicoestimulantes utilizadas para o tratamento no desenvolvimento das noções operatórias nessa população.

Foram entrevistadas 62 crianças, com idades entre 6 e 12 anos, subdivias em dois grupos: uma amostra clínica de crianças diagnosticadas com TDAH (n=32), e outra de crianças sem diagnóstico (grupo controle, n=30). A divisão da amostra em dois grupos (crianças com TDAH e crianças sem diagnóstico) teve como objetivo evidenciar se haveriam diferenças no desenvolvimento das noções operatórias em crianças com TDAH. A amostra clínica foi também dividida entre crianças que faziam uso de medicação e crianças não medicadas, com o intuito de observar se a medicação exerceria alguma influência no desempenho em provas piagetianas.

Tendo como referência a entrevista clínica de Piaget, foram aplicadas as seguintes provas piagetianas: Conservação das Quantidades Discretas; Mudança de Critério – dicotomia; Sucessão dos Acontecimentos Percebidos e da Simultaneidade; e O Tempo da Ação Própria e a Duração Interior. Os resultados demonstram haver diferença estatisticamente significativa entre o desempenho das crianças dos diferentes grupos. Crianças com TDAH apresentaram uma tendência a ter suas respostas classificadas em níveis inferiores ao esperado, quando comparadas ao grupo controle.

A análise estatística encontrou diferenças significativas na comparação entre os grupos, para quase a totalidade das provas piagetianas aplicadas, e inclusive quando as pontuações das crianças nas provas eram somadas. Isso implica que, de maneira geral, em provas operatórias, crianças com TDAH apresentam uma orientação de pensamento que tende a emitir, com maior frequência que crianças sem diagnóstico, respostas características de um pensamento pré-operatório. Ou seja, possuem dificuldades de antecipação de hipóteses no plano mental e de elaboração de estratégias, visto que esse tipo de pensamento não se conserva para além da experiência imediata, carecendo de reversibilidade e flexibilidade. Crianças com TDAH apresentaram uma tendência a responder de maneira mais impulsiva, considerando prioritariamente as configurações perceptivas do momento presente, não conseguindo, portanto, alcançar um raciocínio conservador (no qual as quantidades são invariantes), que é característico do estágio operatório concreto de desenvolvimento.

Crianças com TDAH, nessa pesquisa, tenderam a apresentar dificuldades em mensurar intervalos de tempo: quando deviam interromper a tarefa num intervalo que julgassem ser igual ao anterior, as crianças da amostra clínica, se comparadas ao grupo controle, apresentaram maior dificuldade na realização dessa tarefa. Ora superestimavam o intervalo, interrompendo o desenho depois de passados muitos segundos; ora apresentavam uma tendência a estimar intervalos de tempo muito curtos como equivalentes ao solicitado (desenhavam durante cinco segundos e, depois, afirmavam terem transcorrido os mesmos quinze segundos da tarefa inicial).

Diante de tais resultados, pode-se afirmar que crianças com TDAH apresentam déficits na construção da noção operatória de tempo, tanto em relação ao tempo físico quanto ao tempo vivido, já que ambos dependem da aquisição adequada de construções do pensamento operatório, como a conservação e a reversibilidade. Tais déficits acarretam dificuldades, para a criança, de situar-se em contextos nos quais a compreensão objetiva da passagem do tempo seja um aspecto primordial. A construção da noção de tempo encerra uma capacidade regulatória que permite, para o sujeito, situar-se no mundo, ultrapassando o momento presente, compreendendo a relatividade e a dinâmica presentes nos movimentos, inclusive os de seu próprio crescimento. Portanto, a construção da noção de tempo é também um aspecto fundamental para a construção da noção de si mesmo, para que o indivíduo consiga perceber-se como tal, inserido num contexto espaçotemporal.

Alguns dos principais sintomas descritos em crianças com TDAH estão relacionados à agitação, hiperatividade e impulsividade. Pesquisas recentes (Folquitto, 2009; Campos, 2007) apontam que crianças com esse transtorno apresentam em seu desenvolvimento cognitivo uma dificuldade nas noções operatórias, em especial na construção da noção de tempo. Dessa maneira, crianças com TDAH teriam maior dificuldade em frear a própria motricidade, em "pensar antes de agir", devido ao fato de que seu pensamento ainda não consegue transcender, de maneira total, o momento presente, antevendo consequências futuras ou aproveitando experiências passadas. Ou seja, possuem dificuldades de planejamento das ações e elaboração de estratégias. Assim, os possíveis déficits na construção das noções temporais, encontrados em crianças com TDAH, acarretariam, necessariamente, prejuízo na construção da noção de causalidade, justamente devido a essa dificuldade de ir além da compreensão possível no momento presente. Pode-se pensar que estas dificuldades em apreender as noções de tempo e compreender a relação de causalidade entre as coisas podem contribuir para a sintomatologia do TDAH, para o aparecimento de atos hiperativos e impulsivos.

Neste caso, o que aconteceria com crianças com TDAH, que explicasse um atraso em seu desenvolvimento das noções operatórias de pensamento? Existiria realmente um atraso no desenvolvimento das noções operatórias? Ou o desempenho aquém ao esperado, demonstrado por essas crianças, seria apenas consequência de seu alto nível de agitação e incapacidade de focar a atenção de maneira adequada, que, quando controlados (via medicação psicotrópica), conduziriam a criança a utilizar suas estruturações operatórias já construídas, porém "camufladas"?

Diversos estudos demonstram haver melhora no desempenho de crianças com TDAH, após o uso de medicação, em tarefas neuropsicológicas e testes de inteligência (Barkley, 2002; Campbell et al., 1971; Szobot et al., 2004). Entretanto, em tarefas nas quais o objetivo é avaliar um processo de desenvolvimento, que está em curso, como é o caso das provas piagetianas, a medicação estaria exercendo algum efeito, ao menos em caráter imediato, no desenvolvimento das estruturações cognitivas dessas crianças?

Na tentativa de esclarecer essas questões, comparou-se o desempenho, nas provas piagetianas, de crianças com TDAH que faziam uso de medicamento com aquelas que não estavam utilizando nenhuma medicação para o controle do transtorno. Em relação aos parâmetros analisados, não foi observada diferença estatisticamente significativa entre os grupos. A partir desses resultados, podemos concluir que a não significância observada pode indicar que os déficits encontrados relacionam-se principalmente aos aspectos estruturantes do pensamento, e não às questões específicas de desempenho. A melhora no foco atencional, produzida pela medicação, não determinou, nesse caso, um efeito nas estruturações cognitivas das crianças com TDAH.

Em relação ao uso do medicação na amostra clínica, não foi observada diferença significativa entre os grupos. Apesar de necessária no tratamento, a medicação não demonstrou ser suficiente para potencializar o desenvolvimento cognitivo de crianças com TDAH, superando os déficits observados. Esses achados corroboram a hipótese de déficit na aquisição das noções operatórias em crianças com TDAH. Assim, são necessárias novas reflexões a respeito do TDAH, considerando alternativas de intervenções que considerem os déficits observados, que ultrapassem o tratamento medicamentoso (Folquitto, 2009).

IMPLICAÇÕES PEDAGÓGICAS

As diversas pesquisas realizadas, a partir da abordagem piagetiana, com crianças com transtornos de desenvolvimento, demonstram que, de modo geral, ocorreriam déficits no desenvolvimento das noções operatórias. Em alguns casos, como de crianças com TDAH, a dificuldade de concentração e o alto nível de agitação dessas crianças acarretariam uma interação com os objetos (sejam eles concretos, abstratos, seres humanos, livros, brinquedos etc.) menos enriquecedora, do ponto de vista cognitivo. Justamente devido a uma incapacidade de focar, por muito tempo, a atenção num determinado objeto, bem como de pensar antes de agir, de conseguir ultrapassar o campo da experiência física, alcançando, a partir da interação com os objetos, experiências lógico-matemáticas que permitem abstrair relações necessárias das ações sobre esses objetos, que os modificam, mudando também as capacidades do sujeito.

Em outros termos, poderíamos dizer que existiria uma dificuldade, por parte dessas crianças, de conseguir compreender e retirar as significações de suas próprias ações. Ou seja, podem realizar ações bem-sucedidas no presente ("sabem fazer"); entretanto, possuiriam dificuldade em compreender as razões necessárias que desencadearam as ações que conduziram ao fim bem-sucedido ("não sabem explicar como nem por que fizeram"). Dessa maneira, o aprendizado em sala de aula estaria prejudicado, porque tais crianças apresentariam dificuldades em representar o que foi aprendido em conceito e generalizá-lo para novas experiências.

Podemos observar, durante o processo de desenvolvimento, a interação dialética de dois importantes aspectos que determinam o agir do indivíduo: os procedimentos e as estruturas. Procedimentos e estruturas compõem um par indissociável, e estão presentes em todas as condutas, mesmo que não haja consciência, por parte do indivíduo, de sua existência.

Os procedimentos são ações determinadas, utilizadas pelo indivíduo para solucionar problemas; possuem um caráter pontual e pragmático, e são diretamente dependentes do contexto particular dos quais surgem. Dessa maneira, possuem um aspecto temporal, imediato, visto que não se conservam para além da ação particular, podendo ser substituídos por outros, dependendo do contexto em que estejam. Por outro lado, as estruturas são construções estáveis, atemporais, que procuram retirar da experiência os aspectos formais da cognição. A estrutura diz respeito ao conjunto das implicações necessárias para a realização das ações, ainda que tais condições necessárias não estejam explicitamente conscientes por parte do sujeito cognoscente (Piaget & Inhelder, 1979). Na interação prática da criança com os objetos, qualquer

160

estratégia adotada inclui a realização de procedimentos, mas que necessariamente se remetem às estruturações cognitivas, já conhecidas, ou que serão ainda descobertas pela criança. Por outro lado, os procedimentos são ações práticas que conduzem progressivamente à aquisição de novas estruturações. Esse caráter interdependente de procedimentos e estruturas possibilita a construção contínua de novas aquisições, impulsionando o desenvolvimento.

A partir da diferenciação entre procedimentos e estruturas, podemos então concluir que o professor, em sala de aula, não pode criar novas estruturas cognitivas no aluno, nem tampouco melhorar diretamente seus procedimentos, mas pode tornar o contato da criança com o mundo mais enriquecedor. Ou seja, apesar de não poder agir diretamente sobre o desenvolvimento do aluno, cabe ao professor criar um ambiente favorável, repleto de recursos e estímulos. Assim, pode, em qualquer atividade, estimular o aluno a pensar sobre qual estratégia utilizou para resolver determinado problema, o que fez para atingir o objetivo, e quais seriam as alternativas possíveis. É importante que tenha sempre em mente as teorias do desenvolvimento e suas etapas, para que as intervenções realizadas sejam adequadas para cada faixa etária. Podemos dizer que quando um professor oferece aos alunos possibilidades de aprendizado nas quais eles participem ativamente, e em que haja a interação com o mundo concreto, certamente essas experiências serão enriquecedoras e decisivas para o desenvolvimento dessas crianças.

Para Piaget, é somente por meio da ação que o indivíduo pode construir habilidades cada vez mais complexas; o desenvolvimento é, portanto, um processo ativo, no qual o professor participa deixando o aluno agir no mundo, respeitando seu ritmo de desenvolvimento e criando um ambiente que desperte na criança o interesse pelo conhecimento.

No caso do TDAH, concluímos que o diagnóstico desse transtorno em crianças configura-se como um desafio, para o qual é preciso bastante cautela da parte dos profissionais envolvidos com a criança, a fim de que não sejam criados rótulos que, além de não auxiliarem no tratamento, podem conduzir a preconceitos que, com o tempo, transformar-se-ão em realidade.

A teoria piagetiana do desenvolvimento infantil configura-se, portanto, como um importante aliado para a construção de um novo olhar sob as crianças hiperativas. Pois, como vimos, conduz necessariamente a novas alternativas de intervenção para esse transtorno, o que resulta numa abordagem mais integral e compreensiva dessas crianças, contemplando não somente uma melhoria dos sintomas, mas o desenvolvimento dos potenciais da criança.

REFERÊNCIAS BIBLIOGRÁFICAS

AFFONSO, Rosa Maria Lopes. *Da importância de se considerar, no ludodiagnóstico, as representações da criança no que concerne a espaço, tempo e causalidade na acepção de Jean Piaget.* São Paulo, USP, Instituto de Psicologia, 1994. (Tese de Doutorado.)

BARKLEY, R. A. Behavioral Inhibition, Sustained Attention, and Executive Functions: constructing a unifying theory of ADHD. *Psychological Bulletin*, vol. 121, n.1, 65-94, 1997.

_____. Executive Functioning, Temporal Discounting, and Sense of Time in adolescentes with Attention Deficit Hyperactivity Disorder (ADHD) and Oppositional Defiant Disorder (ODD). *Journal of Abnormal Child Pshychology*, vol 29, n. 6, 541-556, 2001.

_____. *Transtorno de Déficit de Atenção/Hiperatividade (TDAH):* guia completo para pais, professores e profissionais de saúde. Porto Alegre: Artmed, 2002.

BORDEN, Kathi et al. Piagetian conservation and response to cognitive therapy in Attention Deficit Disordered children. *Journal of Child Psychology and Pshychiatry*, vol. 28, n. 5, 1987.

BRIS, S.; GERARD, C.-L.; ADRIEN, J.-L. Development of "theory of mind" and Piagetian conservation stage with dysphasic children ANAE. *Approche Neuropsychologique des Apprentissages chez l'Enfant*, vol. 11, n. 2, pp. 49-58, 1999.

BROWN, R. T. et al. The performance of Attention-Deficit Disordered and Normal Children on Conservation Tasks. *The Jounal of Genetic Psychology*, vol. 146, n. 4, 1985.

CAIRNS, E.; CAMMOCK, T. Development of a more reliable version of the Matching Familiar Figures Test. *Developmental Psychology*, n. 5, pp. 555-560, 1978.

CAMPBELL, S. B. et al. Cognitive stiles in hyperactive children and the effect of methylphenidate. *J. Child Psychol. Psychiat.*, v. 12, pp. 55-67, 1971.

CAMPOS, L. G. A. C. *A avaliação do pensamento lógico em pacientes com TDAH*. Transtorno de Déficit de Atenção com e sem Hiperatividade. Botucatu, Universidade Estadual Paulista, Faculdade de Medicina, 2007. (Dissertação de Mestrado.)

CONNERS, C. K. *Conners' Rating Scales Manual*. New York: Multi-Health Systems Inc., 1976.

FOLQUITTO, Camila Tarif Ferreira. *Desenvolvimento psicológico e Transtorno de Déficit de Atenção e Hiperatividade (TDAH)*: a construção do pensamento operatório. São Paulo, USP, Instituto de Psicologia, 2009. (Dissertação de Mestrado.)

INHELDER, Barbel; PIAGET, Jean. Procédures et structures. *Archives de Psychologie*, vol. XLVII, n. 181, pp. 165-176, 1979.

LOURENÇO, O. M. Toward a piagetian explanation of the development of prosocial behavior in children – the force of negational thinking. *British Journal of Developmental Psychology*, vol. 11, n. 1, pp. 91-106, 1993.

MOYSÉS, Maria Aparecida Affonso; COLLARES, Cecília Azevedo. A história não contada dos distúrbios de aprendizagem. *Cadernos CEDES*, Campinas, n. 28, 1992.

PIAGET, Jean. *A representação do mundo na criança*. Rio de Janeiro: Record, 1926/[s.d.].

_____. *A noção de tempo na criança*. Rio de Janeiro: Record, 1946.

_____. *Seis estudos de psicologia*. Rio de Janeiro: Forense Universitária, 1964/1975.

PIAGET, Jean. Las relaciones entre la inteligencia y la afectividad en el desarrollo del niño. 1953/1954. In: DELAHANTY, G., PERRÉS, J. *Piaget y el psicoanálisis*. Mexico: Universidad Autónoma Metropolitana, 1994.

_____. *Seis estudos de psicologia*. Rio de Janeiro: Forense Universitária, 1969/1974.

_____; INHELDER, B. *O desenvolvimento das quantidades físicas na criança*. Rio de Janeiro: Zahar, 1962/1975.

RAMOZZI-CHIAROTTINO, Zélia. *Em busca do sentido na obra de Jean Piaget*. São Paulo: Ática, 1984.

_____. Bärbel Inhelder procura falsear o modelo piagetiano; antes da teoria de Popper (?). *Psicologia Reflexão e Crítica*, Porto Alegre, vol. 15, n. 3, 2002.

ROHDE, L. A. et al. ADHD in a school sample of brazilian adolescents: a study of prevalence, comorbid conditions and impairmentes. *Journal of the American Academy of Child and Adolescent Psychiatry*, vol. 38, n. 6, pp. 716-722, 1999.

_____ et al. Transtorno de déficit de atenção/hiperatividade na infância e na adolescência: considerações clínicas e terapêuticas. *Revista de Psiquiatria Clínica*, 31(3), pp. 124-131, 2004.

_____; HALPERN, R. Transtorno de déficit de atenção/hiperatividade: atualização. *J. Pediatria*, Porto Alegre, vol. 80, n. 2, supl. 0, 2004.

SZOBOT, C. M. et al. The acute effect of methylphenidate in Brazilian male children and adolescents with ADHD: a randomized clinical trial. *Journal of Attention Disorders*, vol. 8 (2), 2004.

VASCONCELOS, Marcio et al. Contribuição dos fatores de risco psicossociais para o transtorno de déficit de atenção/hiperatividade. *Arquivos de Neuropsiquiatria*, São Paulo, vol. 63, n. 1, mar. 2005.

6. Autismo infantil: uma contribuição da clínica para a escola

*Camilla Mazetto**

SOBRE O AUTISMO

Entre as diversas alterações de desenvolvimento observadas na infância, o autismo infantil é possivelmente a condição que traz os maiores desafios a pais, professores e terapeutas, por determinar na criança uma maneira particular de se relacionar com pessoas e objetos, desde o início de sua vida, e que geralmente determina uma dificuldade intensa de adaptação aos contextos sociais.

Como sabemos desde a primeira descrição de Kanner em 1943, a criança autista apresenta um desenvolvimento atípico, quando comparada a outras crianças da mesma idade, observando-se alterações em sua interação social, distúrbios de comunicação, além de interesses restritos e repetitivos. Em seu artigo, Kanner (1943, p. 156) enfatiza como aspecto central no autismo "a incapacidade destas crianças de estabelecer relações de maneira normal com as pessoas e situações", situando a tendência ao isolamento como o aspecto mais significativo a partir do qual se deve caracterizar esse quadro clínico, que veio a ser chamado de "autismo".

O conceito proposto por Kanner passou por reformulações ao longo do tempo, e atualmente o autismo é definido pelos

---

* Psicóloga e neuropsicóloga. Mestre em Psicologia Escolar e do Desenvolvimento Humano pela USP. É terapeuta de crianças e adolescentes pela TED e pelo Método Ramain.

manuais diagnósticos internacionais (APA, 2003) como um quadro que integra os Transtornos Globais do Desenvolvimento, sendo caracterizado por alterações em três domínios específicos, a saber: comprometimento qualitativo da interação social, da comunicação e presença de padrões restritos e repetitivos de comportamento, interesses e atividades.

Assim, podemos imaginar uma criança que, diferentemente de outras de sua idade, comporta-se de uma maneira completamente não usual, esquivando-se ao contato e apresentando comportamentos difíceis de compreender. Ela não fala, não mantém contato visual, procura isolar-se e não responde quando lhe chamamos pelo nome. Aparenta estar sempre dispersa e pouco interage com as pessoas e os objetos. Quando o faz, é de maneira surpreendente para aqueles que a rodeiam; interessa-se por aspectos inusitados dos objetos (um movimento de rodopio, uma articulação mecânica, um som acidental) e os utiliza sempre de maneira invariável e pouco funcional. Esta criança, que demonstra não compartilhar com os outros as mesmas impressões do ambiente, por outro lado, e ainda mais surpreendentemente, expressa momentos de compreensão e de curiosidade dirigidas a seu entorno. Por vezes responde afetivamente às tentativas de interação, embora apresente particularidades difíceis de integrar, ao lado dos demais aspectos de seu comportamento, em uma estrutura coerente e com sentido do ponto de vista daqueles que a observam.

Essa breve descrição, que procura abarcar uma gama de sintomas próprios aos de uma criança diagnosticada como autista, evidencia a dificuldade de comunicação e de contato social adaptado dessas crianças, as alterações do ponto de vista perceptivo, o uso irresistível e estereotipado dos objetos, a restrição de sua ação espontânea e de seus interesses, de modo abrangente. É possível, portanto, imaginar as dificuldades enfrentadas por essas crianças para participar de atividades geralmente direcionadas a sua faixa etária, seja em casa ou na escola. Assim, torna-se necessário criar estratégias voltadas especificamente para crianças que apresentem esse perfil de desenvolvimento, e que facilitem os processos de aprendizagem e adaptação social.

Nosso objetivo neste capítulo é justamente introduzir e discutir em linhas gerais uma possível proposta de intervenção com crianças autistas. Para tanto, gostaríamos de problematizar nossa questão a partir de uma teoria clássica do desenvolvimento infantil, e que nos permita pensar as alterações observadas no autismo, levantar hipóteses acerca dos processos cognitivos subjacentes a seu desenvolvimento e discutir os modos de intervenção mais adaptados à condição particular dessas crianças.

Partiremos da teoria piagetiana e das hipóteses que sustentam a Terapia de Troca e Desenvolvimento (Thérapie d'Échange et de Développement – TED, no original francês) para discutir os pontos citados antes, sendo a TED uma proposta terapêutica criada progressivamente nos últimos trinta anos no serviço de psiquiatria infantil da Universidade de Tours, na França, a partir de uma compreensão neurofisiológica e desenvolvimentista do autismo.

A TERAPIA DE TROCA E DESENVOLVIMENTO – CONCEITOS CENTRAIS

A origem dos quadros de autismo ainda é foco de investigações (Zilbovicius, 2005), porém, após anos de estudos, observa-se atualmente uma tendência a compreender a expressão do comportamento da criança autista, e em especial a dificuldade no contato com o outro, como essencialmente determinada por disfunções no desenvolvimento neuropsicológico (Duche, 1995). A hipótese de alterações neurológicas em diversas modalidades sensoriais, envolvendo tanto as áreas

167

perceptivas quanto associativas, é atualmente foco de diversos estudos em neurofisiologia do autismo (Zilbovicius, 2005). Tais estudos sobre os processos cognitivos e afetivos alterados no autismo baseiam-se sobretudo em uma compreensão de desenvolvimento que considera o processo de maturação cerebral, que neste caso determina um tratamento particular das informações sensoriais e igualmente das mensagens sociais, como os gestos, as mímicas, a palavra.

Tais alterações no funcionamento cerebral e na construção das estruturas cognitivas necessárias para conhecer o mundo poderiam explicar o isolamento dessas crianças, suas particularidades de linguagem e de comportamento, suas dificuldades em se adaptar às mudanças do ambiente. A teoria de Piaget, que se interessou pelo estudo dos processos cognitivos que permitem ao ser humano produzir conhecimentos, nos permite diversas aproximações com uma proposta como a TED – seja na identificação dos fatores necessários ao desenvolvimento, na consideração de uma base biológica desse mesmo processo, ou na noção de construção do real, com a descrição dos primeiros estágios da inteligência sensório-motora. Isso porque tanto para a teoria piagetiana quanto para as intervenções sugeridas pela TED é dada especial importância ao papel da *ação* da criança no meio, ou, melhor dizendo, às *inter-ações* entre ela e seu entorno.

Em linhas gerais, a TED é uma proposta terapêutica criada e desenvolvida originalmente na França, visando atender às necessidades de tratamento de crianças com transtornos graves do desenvolvimento. Ela é caracterizada por uma técnica e por um referencial teórico-metodológico específicos, que nos permitem considerá-la como um método psicoterapêutico e de "reeducação" neurofuncional (Barthélémy et al., 1991).

A TED inscreve-se em uma perspectiva desenvolvimentista – privilegiando a ação da criança em um contexto interacionista – muito de acordo com as ideias de Piaget, e compreende a reeducação das funções neuropsicológicas como decorrência dos processos de plasticidade cerebral. Possibilitando à criança o exercício das funções alteradas, tais como a atenção visual e auditiva, a percepção, a associação, a motricidade, a comunicação e o contato, desde a idade mais precoce, permitimos a ela desenvolver as capacidades de base para maior adaptação ao ambiente: comunicar, manter contato com o outro, estar atento, imitar.

Para tanto, a TED se propõe a criar condições particulares e um clima favorável às aquisições da criança. Três princípios guiam a criança e o terapeuta: a *tranquilidade*, a *disponibilidade* e a *reciprocidade*.

A tranquilidade supõe um terapeuta calmo e relaxado para acolher a criança na sala, onde reina o silêncio e onde todas as fontes de distração e de precipitação estão excluídas. A sala de TED é propositadamente bastante sóbria, contando apenas com uma pequena mesa e duas cadeiras, que serão posteriormente somadas à presença da criança e do terapeuta e a uma pequena cesta de brinquedos, previamente selecionados de acordo com os objetivos da sessão. A necessidade de se limitar os estímulos do ambiente durante a terapia tem por objetivo facilitar à criança autista a seleção das informações e ações presentes à sessão, favorecendo a emergência de gestos orientados (Lelord et al., 1987) e permitindo que o terapeuta seja a principal fonte de interesse para a criança (Barthélémy et al., 1988).

A disponibilidade permite que, nesse ambiente tranquilo, o terapeuta e a criança possam abrir-se um ao outro mais facilmente, mas também em direção ao exterior, o que facilita, ao longo das brincadeiras compartilhadas, as aquisições e as associações espontâneas, sensoriais e motoras. A atitude natural para a aprendizagem e o desenvolvimento é mais facilmente direcionada ao ambiente externo, o que oferece a oportunidade de aprender livremente com os eventos externos.

Todas as tentativas da criança de quebrar seu isolamento são encorajadas (olhar para, ouvir, manipular).

Por fim, a reciprocidade de cada um permite suscitar a sociabilidade por trocas e imitações livres de gestos, mímicas e da voz. As brincadeiras incluem trocas que envolvem objetos, gestos, mímicas, vocalização e emoções.

Durante a sessão de TED, a criança é solicitada e acompanhada em diferentes brincadeiras adaptadas a seu nível de desenvolvimento, às suas competências e às suas dificuldades, avaliadas previamente, a fim de que possa realizá-las sem risco de fracasso ou desencorajamento. Os jogos propostos, que também procuram estimular o exercício das funções neuropsicológicas, podem incluir: para a ênfase nos processos de reciprocidade, jogos com bola, bolhas de sabão...; para a ênfase nas funções atencionais, encaixes, brinquedos com efeitos visuais ou sonoros...; para a imitação e percepção auditiva, brinquedos como pau-de-chuva, coquinhos de bater, pequeno tambor e pandeiro...; para a organização motora, peões, cantigas com gestos..., para citar alguns exemplos.

Os jogos têm por objetivo enriquecer as iniciativas de contato e de troca da criança com o adulto, exercitando as funções frágeis e reeducando os setores deficitários. As trocas são facilitadas pelo terapeuta e integradas em sequências perceptivas, motoras e sociais. Essas sequências, essenciais ao desenvolvimento das relações da criança com seu entorno, são encorajadas durante toda a sessão. O objetivo não é o do desempenho, mas principalmente suscitar as trocas entre o terapeuta e a criança, sendo justamente essas interações a base da maioria das sequências de atividades realizadas (seja pela troca de olhares, ou pela mímica gestual e facial, por exemplo).

Essas são as sequências sociais, essenciais ao desenvolvimento da comunicação nessas crianças (Lelord et al., 1987), e bastante privilegiadas ao longo das sessões. Durante as atividades, privilegia-se o bem-estar e o sucesso da criança, sendo os objetos apresentados apenas um *pretexto* para a interação. O enfoque central será dado à reciprocidade, dentro de uma perspectiva que considera a criança de maneira complexa e global. Com calma e paciência, o terapeuta consegue assim facilitar os gestos mais adaptados, ajudando a criança em seu processo de desenvolvimento.

Cada sessão é cuidadosamente preparada de acordo com as reações e comportamentos da criança: desde a escolha dos brinquedos, bem como sua ordem de sucessão. As atividades tornam-se mais complexas de acordo com a evolução da criança, mas, quando parecem difíceis, ela é ajudada, acompanhada e sustentada.

A principal intenção da TED, traduzida em linhas gerais, é ajudar a criança a *estar em relação com* o outro, a brincar em conjunto e a compartilhar um momento prazeroso, fazendo-o ao mesmo tempo em que se direciona a determinadas funções-alvo, através das quais poderá ser exercitada a reciprocidade social.

A interação em uma sessão de TED é caracterizada por uma atividade orientada, porém não educativa. Não se procura ensinar ou treinar habilidades específicas com os objetos, pois o foco da terapia não está na modificação do comportamento, sendo que a melhor adaptação da criança ao ambiente pode ocorrer, mas é compreendida como uma decorrência do desenvolvimento do potencial funcional da criança. Em todas as situações propostas não há obrigação a fazer, mas incitação a participar.

Assim, a proposta de intervenção da TED – seus princípios básicos e sua técnica específica – nos permite pensar as alterações cognitivas da criança autista a partir de um ponto de vista desenvolvimentista. Se tomarmos a teoria clássica de Piaget acerca da construção do conhecimento e do desenvolvimento cognitivo, poderemos ampliar a compreensão da TED para além dos processos funcionais e fisiológicos que sustentam originalmente essa abordagem, possibilitando considerá-la também sob o ponto de vista psicológico e do desenvolvimento.

As alterações observadas no autismo atingem o desenvolvimento dessas crianças de modo abrangente, e referem-se, ao lado do desenvolvimento afetivo, aos processos cognitivos de modo bastante pungente. Mesmo que Piaget não tenha se interessado pelo estudo das patologias para a construção de sua teoria (ele esteve desde o início preocupado com a construção do pensamento considerado em seu curso normal de desenvolvimento), tal teoria nos permite levantar hipóteses acerca das alterações que se observam no desenvolvimento de crianças autistas.

Se o desenvolvimento cognitivo ocorre pela construção dos esquemas de ação da criança, e por intermédio dessa ação ela se insere no espaço e no tempo e percebe as relações causais, como nos propõe Piaget (1937/2002), sabemos pela observação que na criança com autismo algo se passa diferentemente do esperado, e que seu comportamento reflete particularidades no processo de desenvolvimento cognitivo, afetivo e social.

Enquanto biólogo, Piaget (1970/1978) parte da premissa de uma continuidade entre os processos orgânicos e os processos psíquicos, em que os mecanismos cognitivos são considerados enquanto prolongamentos das estruturas orgânicas que permitem a adaptação do indivíduo ao meio. No entanto, para ele, a construção dessas estruturas ocorre ao longo do tempo, não sendo dada de partida. Em outras palavras, as estruturas de conhecimento – ou seja, as estruturas mentais – tornam-se progressivamente necessárias ao longo do desenvolvimento, sem o ser desde o início e sem admitir programação prévia. O conhecimento é concebido assim não como algo predeterminado nas estruturas internas do indivíduo, ou nos caracteres preexistentes dos objetos, pois as primeiras resultam de uma construção contínua, enquanto os segundos são conhecidos apenas pela mediação dessas mesmas estruturas.

Assim, na teoria de desenvolvimento de Piaget (1970/1978, p. 35) a hereditariedade e a maturação têm o papel de determinar "as zonas das impossibilidades ou das possibilidades de aquisição", o que garante uma compreensão do desenvolvimento em termos complexos e potenciais, além de permitir pensar o desenvolvimento atípico das crianças com autismo a partir de sua condição orgânica básica.

As diferentes etapas do desenvolvimento cognitivo como definidas por Piaget (1937/2002; 1970/1978), quando consideradas sob o ponto de vista *psicogenético*, reforçam a ideia de que o conhecimento resulta das interações entre o sujeito e os objetos e que a sucessão dos estágios (do sensório-motor até o nível das operações formais) se dá através de transformações endógenas decorrentes das ações da criança, ao longo das diferentes etapas. Esse processo é descrito por Ramozzi-Chiarottino (1984), que afirma que o indivíduo nasce com a possibilidade de construir esquemas de ação em contato com o meio, e de coordená-los em sistemas. Construindo-se em nível exógeno, esses esquemas desencadeiam transformações endógenas (neuronais) que permitirão, por sua vez, novas recepções de estímulos do meio, determinando um processo contínuo de construção de novos esquemas de ação e novas transformações internas. Assim, "a troca do organismo com o meio determina a construção orgânica das estruturas mentais" (Ramozzi-Chiarottino, 1984, p. 34).

O próprio Piaget (1970/1978) ressalta a importância da organização dos fatores endógenos ligados à inteligência não verbal, que garante, por sua vez, a passagem das condutas sensório-motoras às ações conceptualizadas. Assim, as etapas de desenvolvimento propostas por Piaget para o desenvolvimento normal podem ser uma referência para a compreensão das falhas nas aquisições observadas na criança autista, especialmente se considerarmos as características do estágio da inteligência sensório-motora – definida brevemente como a inteligência anterior à linguagem, que se utiliza de percepções e movimentos, sendo estranha à representação ou ao pensamento (Piaget, 1967/2003) – nos comportamentos dessas crianças observadas.

É nesse sentido que devemos abordar a importância do conceito de *ação* para a teoria de Piaget, observando-se na criança autista alterações significativas em suas ações sobre o meio, seja na relação com objetos ou com pessoas.

Piaget (1970/1978, p. 38) afirma que as coordenações gerais das ações – que levam à construção do pensamento formal em etapa posterior ao período sensório-motor – "não constituem um começo absoluto" e que elas "pressupõem as coordenações nervosas". Juntando-se a isso as propostas técnicas constituintes da TED (o *setting* específico, a natureza das intervenções do terapeuta, a preparação da sessão e a sequência de atividades...), podemos encontrar analogias/ aproximações significativas com as hipóteses de Piaget acerca da importância da ação da criança para a construção das estruturas mentais, portanto do conhecimento, e em última instância da própria adaptação.

A sessão de TED é essencialmente baseada em situações de jogos, em que a criança é guiada em sua ação de acordo com certas condições consideradas facilitadoras de uma aproximação adaptada ao meio. Tais processos podem ser comparados à descrição de Piaget das explorações infantis e de seu direcionamento para o conhecimento do ambiente que a circunda. As sessões de TED sustentam-se na hipótese de que a repetição dessas sessões, se possível diariamente, permite obter resultados positivos, nos casos de autismo grave na criança (Lelord et al., 1978).

Compreendido do ponto de vista piagetiano, todo o conhecimento construído ao longo do desenvolvimento está ligado à ação, e essas ações, repetidas e aplicadas de maneira semelhante a situações comparáveis, dão origem aos *esquemas*. Estes são uma primeira maneira de estruturação interna do ambiente externo, os quais se caracterizam por tornar generalizável aquilo que numa ação pode ser transposto a situações análogas. Ou seja, é uma abstração a partir do que há de comum nas diversas repetições ou aplicações da mesma ação (Piaget, 1967/2003).

Podemos afirmar que os esquemas se apoiam no substrato orgânico, sem serem eles mesmos de ordem biológica, e que dessa forma há um paralelo com a afirmação de que a TED incide também sobre o substrato fisiológico, propondo-se a colocar em prática funções deficitárias observadas na criança autista, mobilizando sistemas de integração cerebrais e realizando assim "reeducações funcionais" (Barthélémy et al., 1995, p. 6).

Assim, a TED procura intervir na relação da criança com o meio circundante, considerando-se suas dificuldades e potencialidades, de modo que o processo de construção de conhecimento possa reencontrar sua rota integrativa. Piaget (1967/2003) reforça que os conhecimentos não partem nem do sujeito nem do objeto, exclusivamente, mas nascem da interação entre eles, provocada tanto pelas *atividades espontâneas* do organismo quanto pelos *estímulos externos*, que nos parecem privilegiados no decorrer da TED. Do mesmo modo, Piaget (1967/2003) considera que os conhecimentos, assim progressivamente construídos, orientam-se em duas direções *complementares*: a primeira delas é a do conhecimento dos dados do ambiente, e a segunda é a tomada de consciência das condições internas, o que conduz, por reflexão, às construções lógico-matemáticas.

Analogamente, a TED procura partir das condições externas (curiosidade da criança, atitudes espontâneas, apresentação dos objetos pelo terapeuta...) para possibilitar uma nova organização interna, considerada fisiologicamente, mas com consequências também do ponto de vista da afetividade, da interação social e da adaptação. No caso de crianças com autismo, toda e qualquer intervenção deve partir desde a experiência da criança sobre os objetos, de modo que seja sua própria ação, devidamente acompanhada e facilitada pelo adulto, a possibilitar a construção das operações no caminho da integração dos aspectos cognitivos.

ALGUMAS IMPLICAÇÕES EDUCATIVAS

Como observado a propósito da TED, atividades muito simples, realizadas intuitivamente, porém com objetivos bem definidos, podem servir de suporte ao exercício das funções de base necessárias ao desenvolvimento das primeiras formas de comunicação e contato no caso de crianças autistas, e se aplicam a diversos contextos, independentes da terapia (Dansart, Garreau & Lenoir, 1995).

As crianças com autismo necessitam, mais do que outras, de um contexto que lhes permita ampliar suas possibilidades de ação sobre o mundo, facilitando-lhes a adaptação aos diversos contextos sociais nos quais estão inseridas, como o ambiente familiar e escolar.

Os princípios gerais da TED, aliados à compreensão dos processos cognitivos envolvidos na construção do conhecimento a partir da teoria de desenvolvimento de Piaget, podem ser observados no conjunto de estratégias de intervenção voltadas à criança com autismo, integrando-se as situações terapêuticas individuais e pedagógicas em grupo. Um modelo possível para esse projeto psicoeducacional é proposto pela equipe de Tours, cujos pontos principais procuraremos apresentar a seguir.

A ambientação geral proposta pela TED, que procura criar um clima lúdico e positivo para a criança, segue determinadas "regras de ouro", definidas pelos princípios de tranquilidade, disponibilidade e reciprocidade, e que permitem o exercício das diversas funções neuropsicológicas ligadas ao desenvolvimento das estruturas mentais responsáveis pelo conhecimento do mundo. Esses diferentes princípios são frequentemente difíceis de se aplicar, e são facilitados por condições materiais ideais (organização do espaço com sobriedade e do tempo com referências claras), que permitem que a criança tenha a experiência de uma relação positiva.

No entanto, a vida da criança não pode ser constituída unicamente de situações e intervenções individuais. É no seio de um pequeno grupo de crianças que esses princípios devem ser retomados de modo "natural" durante as atividades, mesmo que devam sofrer uma readaptação para adequar-se a um ambiente necessariamente mais complexo, distrativo, menos continente e reassegurador.

Algumas orientações podem ser observadas com o intuito de facilitar a aplicação desses princípios no contexto escolar, por exemplo. Inicialmente, o grupo deve ser constituído em função das capacidades e dificuldades específicas da criança, adequando-se às suas necessidades, sendo desejavelmente pequeno e acompanhado de mais de um adulto, quando possível.

Em grupo, as capacidades da criança são frequentemente mais difíceis de se observar, assim como é mais difícil para a criança expressá-las. Por outro lado, é um ambiente propício à observação das habilidades de comunicação com pares, da tolerância em relação às outras crianças, de sua capacidade de brincar em conjunto.

Torna-se importante que a intervenção em grupo seja acompanhada de uma equipe multidisciplinar, de reavaliações constantes e de atualização constante do projeto educativo da criança, que deve basear-se no conhecimento aprofundado da situação clínica da criança, dos objetivos específicos e meios de alcançá-los. Cada projeto deve ser considerado como um plano específico em um momento preciso e não como um fim em si mesmo. Ele deve ser reajustado tão frequentemente quanto necessário, em função da criança, de seus progressos e dificuldades.

Outras estratégias referem-se à organização do *espaço*, do *tempo* e das *atividades* propostas. Para a criança autista, a vida cotidiana é complexa para decodificar e deve ser acompanhada de referências estáveis que permitam a ela se adaptar às diversas situações. No contexto da TED, a criança aprende a sentir prazer em comunicar, a estar com o outro, a compartilhar um objeto ou situação, a esperar sua vez. Ela é sem dúvida ajudada por um enquadre simplificado, sem distrações, com um adulto presente apenas para ela, e completamente disponível. Em grupo essas disposições não podem ser mantidas de modo idêntico.

No entanto, a organização adequada dos espaços, do tempo e do tipo de atividades escolhidas pode permitir à criança administrar melhor esse universo complexo. Essas situações, organizadas e preparadas de acordo com as necessidades de uma criança com autismo, podem funcionar como um "intermediário" entre as condições ideais da relação dual e as da vida comum.

Quanto ao espaço, sua organização deve implicar a possibilidade de constituição de pequenos subgrupos, de modo que as diferentes atividades possam corresponder ao nível de desenvolvimento das crianças, bem como contemplar seus interesses. A organização dos espaços envolve igualmente concentrar ao máximo a atenção das crianças sobre o que está sendo apresentado, evitando-se distrações possíveis na sala. A preparação prévia é um momento importante: disposição das mesas e cadeiras, preparação do material (de modo que não haja necessidade de deslocamentos frequentes).

A organização do tempo funciona como uma referência estável e coerente, importante por proporcionar certa previsibilidade e permitir que a criança sinta-se tranquila frente às diversas situações que lhe serão apresentadas, considerando-se sua particular dificuldade em lidar com as mudanças do ambiente (Barthélémy et al., 1988). De acordo com as capacidades de cada criança, essa rotina pode ser apresentada de maneira mais ou menos complexa (apresentação por semana, por dia, por meio período e até mesmo atividade por atividade), mantendo sempre uma preocupação com a possibilidade de antecipação, referência e reasseguramento. A apresentação da sequência de atividades pode ser feita em quadros organizadores, com fotos ou imagens associadas ou não a palavras e representações gráficas. A duração das diferentes situações é variável em função da possibilidade de atenção das crianças e da natureza da própria atividade, que pode ser de curta duração num primeiro momento. O importante é que esse momento seja positivo para todos.

As *atividades* e os conteúdos apresentados devem, sem dúvida, seguir os projetos individualizados de cada criança, sem, no entanto, deixar de se dirigir a todos os participantes, adaptando as demandas e exigências a cada um deles.

As atividades devem ser apresentadas uma a uma, escolhidas de modo que noções como aguardar a vez, considerar o outro, dar ao outro, tornem-se possíveis e sejam favorecidas. O objetivo dessas atividades não deve ser unicamente ensinar algo à criança, mas sim ensinar e aprender *em relação* ao adulto e seus pares. Assim, situações em que a criança possa agir sozinha, sem comunicar-se, devem ser evitadas, pelo menos nesse tipo de grupo. Como na TED, a ênfase é dada à troca, ao sentimento de sucesso, ao encorajamento.

No caso de crianças com autismo, torna-se importante agregar às situações propriamente pedagógicas outras de natureza adaptativa, tais como a autonomia para a alimentação, para a higiene pessoal ou para a vestimenta, por exemplo. Assim, uma parte das situações apresentadas pode ser reservada a atividades do cotidiano, desde a rotina de chegada da criança, as refeições, o uso do banheiro, e momentos mais informais, como de recreação. Esses momentos são propícios para trabalhar a atenção, o contato, a troca, a comunicação, a socialização...

Toda atividade cotidiana pode ser considerada uma atividade em si mesma, e uma possibilidade de exercício das funções e aquisições da criança. Essas situações, consideradas como momentos de trabalho com a criança autista, têm a vantagem de poder ser retomadas pelas famílias de modo recorrente; muito mais do que as atividades didáticas propriamente ditas, nas quais os pais apresentam tendência a observar mais a realização e a performance da criança do que valorizar a comunicação e a troca, que finalmente são os fatores de base que permitirão que a criança evolua também do ponto de vista cognitivo.

Finalmente, cabe lembrar que para a criança com autismo – frequentemente solicitada de modo intenso quando em um processo de intervenções globais –, assim como para todas as outras, os momentos de recreação e descontração apresentam uma outra função também importante. Para algumas crianças esses momentos tornam-se a ocasião de colocar em prática aquilo que não conseguiram realizar em uma situação estruturada, como, por exemplo, a realização de um gesto ou a retomada de uma cantiga.

Temos assim um modelo particular para a compreensão dos processos cognitivos envolvidos no desenvolvimento atípico de crianças com autismo, e uma proposta de intervenção baseada nos princípios de uma terapia cujas bases aproximam-se de uma leitura piagetiana do desenvolvimento.

Sabemos, no entanto, que o tema por nós abordado é vasto e compreende questões complexas, cujo aprofundamento é importante para melhor intervenção junto a essas crianças. Contentamo-nos, no momento, em apresentar algumas ideias gerais que nos parecem úteis a uma aproximação possível do autismo infantil.

REFERÊNCIAS BIBLIOGRÁFICAS

AMERICAN Psychiatric Association (APA). *Referência rápida aos critérios diagnósticos do DSM-IV-TR*. Porto Alegre: Artmed, 2003.

BARTHÉLÉMY, Catherine et al. La thérapeutique d'échange et de développement (TED): principes, applications, résultats d'une étude sur 10 ans. *Actualités Psychiatriques*, vol. 7, pp. 111-116, set. 1988.

_____. Free acquisition, free imitation, physiological curiosity and exchange and development therapies in autistic children. *Brain Dysfunct*, vol. 4, pp. 335-347, 1991.

_____. Avant-propos. In: _____ (orgs.). *L'autisme de l'enfant*: la thérapie d'échange et de développement. Paris: Expansion Scientifique Française, 1995. pp. 5-7.

DANSART, P.; GARREAU, B.; LENOIR, P. TED et interventions orthophoniques. In: BARTHÉLÉMY, Catherine et al. (orgs.). *L'autisme de l'enfant: la thérapie d'échange et de développement*. Paris: Expansion Scientifique Française, 1995. pp. 280-297.

DUCHE, D. J. Preface. In: BARTHÉLÉMY, Catherine et al. (orgs.). *L'autisme de l'enfant: la thérapie d'échange et de développement*. Paris: Expansion Scientifique Française, 1995. pp. 1-3.

KANNER, Leo. Os distúrbios autísticos de contato afetivo. In: ROCHA, Paulina Schmidtbauer (org.). *Autismos*. São Paulo: Escuta, 1943, pp. 111-170.

LELORD, G. et al. Thérapeutiques d'échange et de développement dans l'autisme de l'enfant: bases physiologiques. *Bull. Acad. Natle Méd.*, vol. 171, n. 1, pp. 137-143, 1978.

PIAGET, Jean. *A construção do real na criança*. 3. ed. São Paulo: Ática, 1937/2002.

_____. *Biologia e conhecimento*: ensaio sobre as relações entre as regulações orgânicas e os processos cognoscitivos. 4. ed. Petrópolis: Vozes, 1967/2003.

_____. A epistemologia genética. Tradução: N. C. Caixero. In: *Os pensadores*: Piaget. São Paulo: Abril, 1970/1978. pp. 3-64.

RAMOZZI-CHIAROTTINO, Zélia. *Em busca do sentido da obra de Jean Piaget*. São Paulo: Ática, 1984.

ZILBOVICIUS, M. Imagerie cérébrale et autisme infantile. In BERTHOZ, A.; ANDRES, C.; BARTHÉLÉMY, C.; MASSION, J.; ROGÉ, B. (orgs.). *L'autisme*: de la recherche à la pratique. Paris: Odile Jacob, 2005. pp. 50-63.

Sumário

Prefácio
Maria Thereza Costa Coelho de Souza 5

Apresentação
Luciana Maria Caetano 7

1. Educação moral e família
Luciana Maria Caetano 13

2. Dificuldade de aprendizagem:
análise das dimensões afetiva e cognitiva
Betânia Alves Veiga Dell'Agli e Rosely Palermo Brenelli 45

3. Reflexões sobre a aquisição bilíngue
Elizabete Villibor Flory 71

4. Formação de novos leitores: quais são os elementos
que influem nesse processo?
Ana Flavia Alonço Castanho 101

5. Transtorno de Déficit de Atenção e Hiperatividade:
percursos diferenciados de desenvolvimento
Camila Tarif Ferreira Folquitto 137

6. Autismo infantil: uma contribuição da clínica para a escola
Camilla Mazetto 165

Impresso na gráfica da
Pia Sociedade Filhas de São Paulo
Via Raposo Tavares, km 19,145
05577-300 - São Paulo, SP - Brasil - 2011